プレップ憲法 [第4版]

戸松秀典

弘文堂

まえがき

　大学の法学部において、これから法律学の講義を受けることになっている学生諸君にとって、「憲法」は、いちばんとっつきやすい科目であると思っているにちがいない。それは、大学に入るまでの教育過程で「憲法」について比較的よく学んできたからである。ことに、高校時代には、政治・経済の科目で、日本国憲法の基本原理、人権の保障、政府の構造といったことについて学び、憲法の条文にもひとわたり目を通したことがあるはずである。だから、その基本知識を基にすれば、「憲法」の講義はそれほど難しくないと推測してももっともなことだと思う。そんな思いに水をさすつもりはなく、確かに、これまで学んだことは大いに活かして欲しいのであるが、あまり気安い態度で臨まない方がよいとは言いたい。「憲法」の講義を聴講しはじめると、おそらく、これは勝手が違うぞと思う人が多いと思われる。すくなくとも、大学で講義されるのは、「憲法」といっても、それは法律学の一分野である「憲法学」であるから、「学」と名の付くものの性格が当然現われるはずである。そのことが、戸惑いの最初の原因であるといってよい。

　ほとんどの大学の法学部では、「憲法」は、他のいくつかの科目とともに、最初に聴講する法律専門科目となっている。並行していくつかの法律科目を学びはじめると、「憲法学」が他の実定法学とは何かしら違うという感じを抱くにちがいない。もちろんどの科目についても、それぞれの対象とする領域が異なるから、

違いがでてくるのは当然である。しかし、同じ実定法学の解釈論であっても、「憲法学」の解釈論は、何かしら他の場合と異なっており、人によっては、法律学らしさがなくて馴染めないとの感じを抱くことになるかもしれない。実は、優秀な検事として活躍した私の親友も、大学時代に「憲法」の科目だけは馴染めないとの感想をもらしていたし、検察の実務との関係では、憲法に対して常々よからぬ思いを抱いたようである。あるいは、法律学者の間でも、実定法のなかで「憲法」を特別視して冷淡な扱いをし、ときには法律の議論をしていて憲法の規定に触れると、「憲法論を持ち出したら終わりだ、法的な解決には何も役立たない」と軽蔑的にいう人がいる。私は、憲法学の研究に従事している者の一人として、そのようなことばに接するのは誠に心外なのであるが、すくなくともこれらの例が示すように、憲法が他の法律学とは異なる性格をもっていることは否定できない。

　本書は、学生諸君が「憲法」の講義に臨む前に、「憲法学」の姿の一端に接して、そのような戸惑いをなるべく軽減し、最初からその学問の特性の存在を知って勉強できるようになることを狙いとして書かれている。また、すでに「憲法」の講義を受けている者にとっても、理解を深め、興味を増すために、本書を通読することは有益だといえる。あるいは、法科大学院の未修者コースに入学した者で、短期間に一定レベルに到達せねばならない状態にある場合でも、憲法学についての感覚を養うために役立つであろう。それは、この小さな本で、日本国憲法を概説したり、憲法の体系的論述を展開したりすること——それは、しばしば抽象的

で退屈なものとなりがちだが——は避け、なるべく具体例をあげて、憲法の代表的、重要な事項に焦点をあてた解説をすることに努めているからである。全体を三部にわけており、そのどこから読んでもよいようにしてある。通読した後、本格的に深めた勉強に進んでもらいたい。大学で学ぶ時間は、長いようで短い。なるべく能率よく勉強するにこしたことはない。要領よく学べば、早く親しみがもてるはずである。

* 本書は、当初大学生の読者を念頭に置いて執筆したが、版を重ねるうちに、そのような限定は無用であることが判明した。このことについて、本書末の「第4版 あとがき」を参照。

目　次

まえがき

第Ⅰ部　「憲法」を学ぶことは、憲法学の成果を学ぶこと

第1章　憲法学の広さと深さ …………………………3
憲法判断には多様な素養が求められる(3)
憲法の歴史性(4)　　歴史的発展の成果(5)　　憲法と政治(7)
憲法と社会(10)　　憲法と倫理・道徳(12)
外国憲法との比較(14)　　学ぶ者にとっての「憲法学」(16)

第2章　憲法の解釈 ……………………………………19
「憲法解釈学はすぐれて大人向き」(19)
絶対的な正解がないこと(20)
相対主義的世界観(22)　　一般的・抽象的な条文(24)
法律に具体化を命じている(27)　　一義的解釈を許さない(29)
狙いを定めた解釈(32)　　学ぶ者にとっての「憲法の解釈」(34)

第3章　日本国憲法の仕組み ………………………36
憲法のめざすもの(36)
「打ち出の小槌」のような憲法の原理・原則(37)
憲法の構造(39)　　理念・具体化・現実(41)
憲法原則というもの——「権力分立の原則」の場合(43)
法理・基準というもの——「公共の福祉」の場合(46)
憲法の教科書(48)

第Ⅱ部　憲法事件をたどってみよう

第4章　尊属殺人事件の裁判例 …………………………………55
改正前の刑法条文(55)　　尊属傷害致死事件(56)
第一審判決(57)　　最高裁の逆転判決(59)
昭和25年の尊属殺人事件判決(61)
問題の核心はどこにあるか(63)　　平等原則の意味(64)
尊属殺重罰規定の法目的(66)　　立法者意思と解釈論(68)
道徳と価値観(71)　　問題の展開(72)

第5章　最高裁判所と裁判官 …………………………………74
最高裁判所の庁舎(74)　　最高裁判所の役割(76)
憲法の番人(78)　　最高裁判所の裁判官(80)
最高裁裁判官の人選(83)　　昭和25年判決当時の裁判官(86)
大法廷と小法廷(89)　　判決の言渡し(92)

第6章　違憲判決と憲法判例 …………………………………94
昭和48年の違憲判決(94)　　多数意見と少数意見(97)
刑法200条の立法目的は違憲か(99)
昭和25年判決から昭和48年判決に至る経緯(102)
司法審査権の行使にかかわる基本姿勢(104)
判決の効果とインパクト(105)
エピローグ――平成7年の刑法改正(108)

第Ⅲ部　憲法問題の解決方法

第7章　憲法訴訟の道 …………………………………113
違憲の主張(113)　　訴訟になじむ・なじまない(114)
裁判所が取り合ってくれない――門前払い(115)
いかなる請求をするか(118)
裁判所の審査になじむ・なじまない(120)
裁判所が取り合ってくれない――合憲判決(122)

立法府・行政府への司法による尊重(*124*)
　　最高裁判所が違憲の主張を認めた例(*126*)
　　憲法訴訟による解決は容易でない(*129*)

第8章　政治過程における解決 …………………………132
　　政治部門の判断に任されること(*132*)
　　高度に政治的な性格とは(*134*)
　　訴訟と判決に促された政治部門の対応(*136*)
　　国会の憲法論議(*139*)
　　対応の鈍い政治部門(*143*)
　　政治過程における憲法論議——大改革の時代(*146*)

第9章　国民と憲法 …………………………………………152
　　憲法に登場する国民(*152*)
　　ペンディングの状態におかれた憲法問題(*153*)
　　社会における自律的解決(*156*)　　憲法訴訟のインパクト(*159*)
　　なぜ、「国民」に最終的判断を委ねるのか(*160*)
　　憲法判断の正当性と国民(*163*)
　　市民の憲法論と憲法学の理論(*166*)　　憲法改正と国民(*167*)
　　立憲主義の心髄(*170*)

第4版あとがき　　*172*
第3版あとがき　　*174*
第2版あとがき　　*175*
あとがき〔初版〕　*175*
付録・日本国憲法（条文）　　*178*

第 I 部

「憲法」を学ぶことは、
憲法学の成果を学ぶこと

ある学問領域の全体の姿をとらえ、それを簡潔に説明しようとしても、それは容易なことではない。憲法学とはこのようなものだと簡単に説明できるわけでなく、もし、それが可能であるならば、そもそも学問の対象とする価値のない浅薄なものであるといえよう。憲法学とはこのようなものだとの説明は、それをひとわたり学んでからならある程度できるかもしれない。いや、それでも難しいことだと、どの憲法学者もいうであろう。

　それにもかかわらず、本書では、まず、憲法学の全体を眺めることにしたい。それは、憲法学という学問領域全体を完全な形で理解しようというのではない。あくまでも本書の目的との関係でそれを試みることにしたい。すなわち、初めて憲法について学ぼうとしている人に対して、学ぶ対象のおおよその姿を示しておくことにしたい。憲法を学ぶということは、実は、憲法学の成果を学ぶことであるから、ひらたくいえば、憲法学の匂いを嗅いでもらおう、あるいは、憲法学らしいところを少しばかり味わっておいてもらおうということである。

　なお、ここでいう憲法学とは、法律学中での憲法を対象とした学問領域のことをいっており、特定の憲法研究者の研究成果に目を向けているわけでない。また、資格試験をはじめとするさまざまな試験での憲法科目についてなされる解説とはまったく異なる次元の記述である。目標は、一国民として、日本国憲法のもとで形成されている憲法秩序を理解し、そこに参加する感覚を養うことである。

第1章　憲法学の広さと深さ

●憲法判断には多様な素養が求められる　アメリカ合衆国の連邦最高裁判所裁判官を務めたフランクファーターは、憲法問題をあつかう最高裁判官に対して、哲学者であり、歴史家であり、かつ予言者であることが求められている、と述べた。いや、わざわざアメリカの法律家のことばをもちださなくても、日本の代表的な憲法学者の教科書の冒頭に、「憲法の学び方」という一節があり、そこに同じような趣旨が述べられているのをみつけることができる。すなわち、「憲法を学ぶには、歴史学、政治学、社会学、経済学、哲学、倫理学、論理学、心理学など多くの学問の助けを借りなければならない。それらに関することがたくさん憲法に織り込まれているからである。……憲法を専門にする場合は、理想をいえば、憲法学者は、法学者であると同時に、歴史学者、政治学者、社会学者、哲学者、倫理学者等々でなければならず、一人では背負いきれないほどの負担を負うことになる*」と（清宮四郎『全訂憲法要論』(1961年・法文社) 23頁）。これらのことばは、要するに、憲法を学び、憲法にかかわる問題を考えるためには、たんに法的な知識だけでは足りず、多様な素養や広い知識が必要であるということをいっているのである。

　*　代表的憲法学者の芦部信喜も、このことばを引きながら、憲法学は「入りやすく大成しがたい」ことを指摘している（芦部信喜ほか『憲法学をどう学ぶか』(1984年・有斐閣) 90頁）。

憲法問題に対処するためにこれほどのことが要求されるとは、一体どういうことなのであろうか。まず、このことについて考えてみることにする。おそらく、それによって、「憲法学」の対象である憲法という法律が生み出す特徴をある程度つかめると思う。

●憲法の歴史性　　われわれが「憲法」というとき、それは何を指しているのだろうか。常識的には、それは、どの六法でも最初に載せられている、正式名を「日本国憲法」という法典のことだという答えが出てくるだろう。それは誤りではない。われわれの日常生活で、「政府のやっていることは憲法違反だ」、「最高裁判所が重大な憲法判断を示した」、などといわれるとき、その憲法とは日本国憲法のことを指しているのだから。また、憲法の講義では、日本国憲法の条文の解釈や適用例、さらに、それぞれの条項をめぐって生じた問題の考察に多くの時間が費やされる。そのときには、憲法とは日本国憲法のことを省略してそう呼んでいるのである。ところが、それに先立って、あるいは、その考察の過程で、「そもそも憲法とは」とか、「近代憲法の原理によれば」といったことに言及される。その際、憲法とはもはやわが国で現に妥当し、適用されている現行の憲法典を指すだけではなく、異なった意味でも使われている。ほとんどの憲法の教科書には、憲法の概念、形式的意味の憲法と実質的意味の憲法の区別、近代憲法の意味といったことについて書かれており、講義でもそのことを扱うはずである。ここでその内容の詮索をするつもりはない*。注目したいのは、なぜそのようなことを学ばなければならないのか、ということである。

* 以下の叙述で、「憲法」とは、ほとんどの場合「日本国憲法」のことを指している。ただし、そうでない場合もまれにあるが、あまり気にしないで読み進んでもらってよい。

その答えを一言でいえば、憲法には歴史性が伴うからである、あるいは、歴史を無視しては憲法の理解ができないからだ、ということである。

●歴史的発展の成果　このような、一般的・抽象的答えは答えになっていない、と非難されそうなので、そのことをあらわす具体例をあげなければならない。そこで、最高裁判所が選挙権の平等について述べた次の判決理由の一節を読むことにする。

「元来、選挙権は、国民の国政への参加の機会を保障する基本的権利として、議会制民主主義の根幹をなすものであり、現代民主国家においては、一定の年齢に達した国民のすべてに平等に与えられるべきものとされているのが一般であるが、このような選挙権の平等化が実現されたのは、必ずしも古いことではない。平等は、自由と並んで、近代国家における基本的かつ究極的な価値であり理念であって、特に政治の分野において強く追究されてきたのであるが、それにもかかわらず、当初においては、国民が政治的価値において平等視されることがなく、基本的な政治的権利というべき選挙権についても、種々の制限や差別が存しており、それが多年にわたる民主政治の発展の過程において次第に撤廃され、今日における平等化の実現をみるに至ったのである。国民の選挙権に関するわが憲法の規定もまた、このような歴史的発展の成果のあらわれにほかならない。」

> * この判決は、最高裁判所の大法廷が昭和51年4月14日に言い渡したもので、最高裁判所民事判例集30巻3号223頁または判例時報808号24頁にみることができる。本書では、この判例の所在を、最大判昭51・4・14民集30巻3号223頁または判時808号24頁のように記すことにする。

この判決理由は、それに続けて、その歴史的発展を通じて何が追求されてきたかを論述し、選挙権の平等とは、「各選挙人の投票の価値、すなわち各投票が選挙の結果に及ぼす影響力においても平等であることを要求せざるをえないものである」と結論している。

この例は、憲法15条や14条との関係で選挙権の平等の要請が導き出されるにしても、その内容が何かという質問に答えるためには、選挙権にかかわる歴史的発展をみなければならないことを語っている。条文の文言をいくらにらんでいても何もでてこないのである。このことは、表現の自由（21条）についても、職業選択の自由（22条）についても、およそ人権保障のどの規定についてもいえる。

> * 本書の末尾には、付録として日本国憲法の条文を載せているから、本書の論述のなかで、条文名のみを記しているときは、それにあたって内容を確認するとよい。

また、国の政治を行うための基本的な原理・原則や、それが実行されるための統治機関の仕組みについて憲法は定めているが、これらにかかわる憲法の諸規定を理解するためにも、歴史性を看過することができない。たとえば、「両議院は、全国民を代表する選挙された議員でこれを組織する」（43条1項）との規定についてみると、そこにいう「代表」とはどういうことを意味するのかという問題を考えなければならず、そこで、ヨーロッパの議会の

歴史に遡って考察がなされる。国会、内閣、裁判所、地方自治などについても、憲法にもられた諸規定をしっかり理解しようとすればするほど、歴史上の由来に目を注がねばならないのである。

　それだけではない。日本国憲法全体がそもそも歴史の所産であり、その誕生の経緯から今日に至るまで、歴史性に満ちているのである[*]。憲法という法律が、他の実定法とは異なり、国家の基本法、根本法、最高の法などといわれるゆえんについて、歴史的由来を知らなければならない。そうしなければ、日本国憲法がどういう目的をもっているのかを理解することができない。だから、憲法の講義を聴くまでに学んだ日本や世界の歴史の知識は、大いに役立つことであるし、不十分だと思っている人は、歴史に注意を向ける努力をする必要がある。

　＊　日本国憲法は、97条でそのことをうたっている。

●憲法と政治　　日本国憲法は、その９条に戦争放棄をうたっているが、それは、世界の諸国の憲法に例がないほどの徹底した平和主義をあらわしたものとして、日本の憲法の重要な特色の一つにあげられている。しかし、この条文ほど政治のことを考えさせられる規定はないといってよい。いかなる政治性がその規定にかかわっているだろうか。主要なものを列挙してみよう。

　まず、憲法９条が誕生したいきさつにみることができる。1945年８月15日に、ポツダム宣言を受け入れて日本が敗戦したのち、政府が準備した明治憲法の改正案には、そのような徹底した戦争の放棄をして平和主義を追求することは意図されていなかった。

この条文誕生の直接の契機となったのは、占領体制の最高責任者であるマッカーサー元帥が示した日本国憲法の草案起草のための三原則の一つ、戦争と軍備の放棄ということにある。それが総司令部による憲法草案から、政府による草案、憲法改正草案要綱、憲法改正草案へとたどるなかでしだいに形をととのえられ、1946年6月20日に第90帝国議会に提出され、衆議院における修正を得て成立した。その過程には、総司令部側、日本政府、憲法改正の作業の仕事に直接加わった政治家の間の政治的かけひき、思惑が微妙に働いていたのである。
　次に、憲法9条をめぐる国際政治情勢との関係をみることができる。同条の誕生ののち間もなくして、東西陣営の間の冷戦の激化、朝鮮半島における戦争の勃発が原因となって、政府は、1950年に警察予備隊を設置し、以後、保安隊、自衛隊と名称を変えながら、実質的には軍隊といえるものを保持し、その軍事力の増強を重ねてきた。また、アメリカ合衆国との間に安全保障条約を結び、わが国の領土内に外国の軍隊が存在することを認めてきた。これらの動向は、いずれも国際政治の変動に対応した政府の防衛政策により生み出されたものであることはいうまでもないが、そのことは、憲法9条に違反するか否かをめぐる論議にいっそう政治的要因を与えることとなっている。
　また、このことと関連して、憲法9条を解釈する議論は、それを改正してはっきり自衛力の保有を可能とすべきとする立場、同条の理念をあくまでも非武装中立としその実現をすべきとする立場、その中間の立場など、政治勢力の間における見解の対立を反

映しており、どの政治的立場に与(くみ)するかによって解釈の結論が決定されるかのような様相を示している。

　さらに、憲法9条の理念を、裁判によって実現しようとする場面においても、政治性の存在が無視できない状態となっている。国側は、安全保障条約や自衛隊の合憲性をめぐる訴訟において、問題の性格が高度に政治的であるから裁判所の判断になじまない事柄であると一貫して主張し、裁判所においても、安全保障条約の合憲性判断は「一見極めて明白に違憲無効であると認められない限りは、裁判所の司法審査権の範囲外」であるとした最高裁判所の判決例や、「憲法規範の多義性と憲法9条の基調とする平和主義の理念そのものについて、相容れない世界観や政治的イデオロギーの対立抗争がみられる以上、憲法9条の規定に関して国民の間に客観的・一義的な意見の醸成されることを望むのは、およそ不可能に近〔い〕」と述べた下級審判決の例もある。

　　＊　最大判昭34・12・16刑集13巻13号3225頁。刑集は最高裁判所刑事判例集の略。
　＊＊　東京高判昭56・7・7判時1004号3頁参照。これは、東京高等裁判所の判決であることを示す。

　このように、まことに簡略に見ただけでも、憲法9条を理解するためには、その規定をめぐる政治上の経緯や現状をとりこまなければならず、文言から得られる意味のみですますことはできないのである。

　さて、憲法9条については、その特殊性が政治とのかかわりを深めさせているのであって、他の規定についてはそうではないのではないかと思うかもしれない。しかし、先にみた見解の対立は、

日本国憲法に対する基本的姿勢にもあらわれ、憲法改正をすべきとする勢力、憲法擁護を貫こうとする勢力をみるし、もっと個別の問題として、たとえば、ある人権の保障にかかわる問題についても、それをとりまく政治的要因のことを考察の対象におかなければならない場合が少なくない。

いうまでもなく、憲法は法であり、憲法学は法律学の一つである。しかし、現実の政治、過去の政治、将来の政治のことをいつも念頭において分析しなければならないため、ときには、また見る人によっては、法律学らしさよりも政治学的考察の側面が強くなることがあるのである。

●憲法と社会　憲法の内容が、歴史や政治と深いつながりをもっていることは、同時に、社会の現実や社会の変化ともかかわりがあることも示している。憲法といわず、およそ法は、社会と無関係に存在しえないのであるから、それは、当然のことであるといえる。そこで、憲法と社会とのむすびつきについて、われわれがとくに注目しておかなければならないことを指摘しておくことにしよう。

まず、社会の実情がいかなる具合であるかをよく知らなければならない。たとえば、刑法175条によってわいせつ（猥褻）文書が規制され、憲法21条で保障されている表現の自由の侵害だと争われる。それについて、社会において猥褻文書とされるものが、人々の間でどのように感じられ、いかなる出版物が売られ読まれているのか、社会における性風俗がどのような具合であるかといったことを知っているのと知っていないのとでは、その争いに対

する考え方が異なってくるであろう。あるいは、公職選挙法138条は、選挙に関する戸別訪問を禁止しており、その定めが表現の自由の保障に違反するとの憲法問題がある。これについても、その禁止にもかかわらず、選挙のたびごとにいたるところで戸別訪問による選挙運動が行われている現状を知っているならば、それは、たんに観念的に考察するのとくらべ、合憲性の判断に違いをもたらすであろう。もちろん、法律の目的を考慮せず実情ばかりを強調して、合憲・違憲の結論を安易に導くことをすべきではない。しかし、社会の実情が法律の目的とするところを十分支えるだけのものとなっているのか否かは、憲法判断に際して重要な要素である。**

* 平成７年の刑法改正により、それまでの「猥褻」が「わいせつ」となっている。しかし、後述するように、以前の判例では「猥褻」の文字が登場するので、本書は、漢字を用いて論じることにする。
** この段落では、二つの法律の条文の指摘をしたがその内容は引用していない。読者にはできるだけ六法を開いて、その該当箇所を読むように勧める。これは、法律学を学ぶ者にとっての基本である。

次に、社会の変化をよく観察することも求められる。その代表的例をプライバシーの権利の保障についてみるのが適切である。プライバシーを尊重すべきであり、それを憲法上保障される人権としてとらえるべきとの考えが社会に広くみとめられるようになったのはそんなに古いことではない。コンピューターが開発され、行政機関や企業が個人に関する情報を収集、管理、利用するようになったこと、情報化社会と呼ばれる状態が登場したことと関係する。これは、従来みられなかった新しい社会の現象である。同

様なことは、公害、環境問題においてもみることができる。他に、経済状態の発展が社会における人々の生活様式を変えること、次にみるように倫理や道徳が時の経過とともに変わることなど、伝統的な観念を維持していては対応しきれない問題の例をいくつかみつけることができる。

●憲法と倫理・道徳　倫理や道徳は、法との違いが問われると同時に、法と密接な関係があることが注目される。よく示される例であるが、人を殺すなかれ、人の物を盗むなかれという道徳は、刑法の殺人罪や窃盗罪の規定にあらわれており、民法においても、「公の秩序又は善良の風俗に反する事項を目的とする法律行為は、無効とする」との90条の規定を適用するとき、ある行為がそこでいう公序良俗違反にあたるか否かが問題とされ、その判断には社会で認められている倫理や道徳が根拠とされる。憲法においても、とくに人権保障にかかわる問題において、倫理や道徳にかかる意識がその解決を左右することがある。

その代表的例としてあげるのにもっとも適切なものは、先に少しふれた刑法175条が定める猥褻罪の規定と憲法21条が保障する表現の自由との関係である。憲法21条は、人々が文章を書き自己の見解を訴えたり、研究したことを書物として出版したり、絵を画き、写真を撮って発表するなどさまざまな表現を自由な行為として保障し、そういう行為に国家が規制を加えることを禁止している。他方で、刑法175条は、猥褻な表現行為に対して刑罰を科すことにしている。そこで、刑法の規定と憲法の定めるところが

衝突するのであるが、どちらの規定が優先するのであろうか。また、両者の調整ということが可能であろうか。憲法の方が刑法より上位の規範であるから、当然、その刑法の規定の効力は否定されるべきだと単純に答えてよいであろうか。実情は、なかなか難しい問題を抱えていて、簡単に答えることができないのである。

　最高裁判所は、刑法175条が憲法21条に違反するとの主張をしりぞける判決をずっと維持していて、その理由を次のように述べている＊。すなわち、すべての表現行為が自由であるといっても、絶対無制限のものでなく、公共の福祉のためにその濫用が禁ぜられ、そこにおのずから限界がある、と。最高裁は、このように表現の自由の保障にかかわる基本的考え方を述べて、猥褻文書の禁止が憲法21条のみとめる公共の福祉による制限にあたるとする。そして、何が猥褻文書であるかについては社会通念で判断できると述べる。それとともに、猥褻文書とは、「徒らに性欲を興奮又は刺激せしめ、且つ普通人の正常な性的羞恥心を害し、善良な性的道義観念に反するものをいう」との定義を与えている。憲法学では、こうした最高裁の説明にいろいろな観点から分析やら批判やらを加えるのであるが、ここでは、こうした論述のなかに、社会における倫理や道徳が不可欠の要素として取り込まれていることに注目したい。「社会通念」とは、社会において一般的に認められる倫理や道徳のことであるにちがいない。上記の猥褻文書の定義づけに、「性的道義観念」ということばをみるし、「性的羞恥心」も倫理・道徳にあたる。性的秩序を守り、性道徳を維持することが刑法175条の目的だと最高裁が説くところも同様である。

もちろん、そのような倫理・道徳は存在しないとか、たとえ存在しても裁判官が客観的に認定できる筋合のものでなく、まことにあいまいな観念で重要な憲法上の価値を侵害しているとかの批判を加える立場もある。そういう立場にたつ者の議論も、社会における倫理・道徳をどうとらえ、扱うべきかという問題と無縁なところでは展開できないのである。

* 主要な最高裁判例は、チャタレー事件の最大判昭32・3・13刑集11巻3号997頁、マルキ・ド・サド事件の最大判昭44・10・15刑集23巻10号1239頁、四畳半襖の下張事件の最二小判昭55・11・28刑集34巻6号433頁など(「二小」とは、第二小法廷の略)。

倫理・道徳などということに関連するとなると、憲法の問題は、結局価値観の問題であって、それは、人によって異なるはずだから、すべての人を満足させる答えなど得られないのではないかという疑問が生ずるであろう。その疑問にかかわる具体的な例は、後で(本書の第II部)もう少し考えることにしている。

●外国憲法との比較　憲法が歴史、政治、社会、倫理・道徳と関連しており、憲法学は、それらのことを踏まえて研究する学問であるため、広さと深さをみることができるとの説明をしてきた。とりあげた例はごくわずかであるが、そのようなことに満ちている学問領域であるらしいとの感触は得てもらえたと思う。最後に、日本の憲法学が背負っている一つの特色を示して、その広さと深さの様相を知ってもらうことにする。それは、外国の憲法ないし憲法学のことをしきりに参照する傾向があるということである。

なぜ外国の憲法を参照するのであろうか。それは、明治憲法も現行の日本国憲法も、外国の憲法の強い影響のもとに制定されたからである。それらの日本の憲法の諸規定を理解するためには、外国の憲法において発展し、確立した原理や制度のことを知らなければならないからである。外国といっても限られた国々である。アメリカ合衆国、フランス、ドイツ、イギリスといった国々がそれである。たとえば、ドイツのプロイセン憲法に倣って成立した明治憲法の時期には、ドイツの国法学がよく紹介、研究され、今日でもその伝統がつづいているし、アメリカ合衆国憲法の影響を受けて成立した日本国憲法のもとでは、アメリカ憲法学に強い関心がもたれ、議会制度についてはイギリスの例が参考とされ、国民主権、代表制の原理についてフランスの革命期の議論が引き合いに出されるといった具合である。また、今日では、憲法制定の由来や憲法にもられた原理、制度の源をたどることのみが、外国の憲法を研究する動機となっているのではない。とくに、人権保障を問題とする訴訟においては、合衆国最高裁判所やドイツの連邦憲法裁判所の判例および法理論について研究され、利用される。あるいは、国連を中心にした全世界的な人権保障の実現も、重要な関心事となっている。

　＊　本書では、初学者のために引用文のなかも含め、難しそうな漢字について、なるべくルビを付すことにした。

　このようなことが背景となって、外国の憲法研究、すなわち比較憲法学は、憲法研究者の間で盛んに行われ、その成果が憲法の講義のなかでもしばしば登場するのである。上にあげた国々の憲

法すべてについて深めた研究をすることは、一人の研究者にはとうてい背負いきれることではない。研究者は、それぞれの専門領域について、一つないし二つの国の憲法や憲法学を探求するのが通例である。憲法の教科書や講義の担当者が、どの領域の、いかなる国の憲法を主として研究しているのかに注意してもらえば、その教科書や講義の特色をつかむことができるはずである。

●学ぶ者にとっての「憲法学」

　この本は、試験向けに能率的な憲法の学び方を教えることを目的としているのではない。誰に対しても効き目のある学び方などというものはなく、それぞれが工夫して自己にあった勉強方法をみつけだすことが大切だと思う。そのためには、学ぶ対象である憲法学の様相をちょっとのぞいておいた方がよいと考え、まず、以上のような内容のことを語ってきたのである。ただ、ここまで述べてきて、これから憲法の講義を受けて勉強をはじめようとしている読者に、その意気込みをくじくようなことをしているのではないか、この筆者自身、少々気がかりになってきた。憲法学がこんなに広く深いものであると誇張しているのではないか、憲法学者にとって広く深いという感じを、学ぶ人に押し付けすぎているのではないか、と思われてきた。

　広くかつ深い内容をもつ憲法学を簡単に克服する妙薬なぞあるわけがない。ここで強調しておきたいのは、一見して入りやすそうな憲法学が、実は、上に概略を述べてきたところから窺えるように容易に大成できない内容をもっていることをまず知っておくことである。そのことを知っておれば、学ぶ心構えができるはずである。そして、はじめに指摘したように、多様な素養が求められるのである

から、それに対応した勉強方法を工夫する努力をしてもらえるはずである。

　多様な素養が求められるということは、憲法の教科書や参考書をひたすら読むだけでは足りないということである。しかし、そうかといって歴史、政治、社会、道徳などについて広い知識を得ることや、深い洞察力を獲得することは容易なことではない。容易ではないが、そのような素養を身につけるような態度をもって生活することは、最小限必要である。そのために、法律書だけでなく、小説、歴史や政治に関するものをはじめ、なるべく広い範囲の書物を読み、日常生じる社会の出来事に関心を向けることが役に立つ。

　また、知識、教養を獲得するだけでは対応できない憲法問題もあり、それに対しては、人生経験から得られた信条、世界観がものをいうことがある。これも、容易に得られるものではなく、学生などの若者諸君に過大な期待をする筋合のものでない。自己の信条、世界観、価値観を形成する途上にある者には、それなりの対応の仕方が求められるはずである。そこで、学ぶ者にとっての「憲法学」と、研究者にとっての「憲法学」とは、ある程度区別されなければならないと思う。大学の憲法の講義は、従来それについてあまり配慮がなされていなかったが、近年、改善の努力がなされるようになっている。

　研究者にとっての憲法学は、憲法の体系書や概説書に集約された形で体現されている。そこには、それが執筆された時点での学問上の成果が、要約されて盛り込まれている。それを学ぶ者に最初から突きつけるのは、まことに不親切なことだと思う。たとえば、アメリカ合衆国のように、4年間の大学生活を終えた者のうち、法律の専門家になる覚悟で入学してきたロー・スクールの学生に、そのようなものを突きつけても文句はいえない。日本の法学部の学生は、

それとは大いに異なる。異なる事情にある者には、それ相応の教育の仕方が必要となるはずであるが、日本の法学教育にはその工夫があまりなされていなかった。もっとも、最近、このことを意識した憲法の概説書や教科書が登場するようになっている。しかし筆者の目には、従来の体系性を重んじた論述方式を脱しておらず、初学者に習得が求められる考え方の基礎を与えるものとはなっていないようにみえる。

　以下、本書で述べるところは、そのようなことの反省をこめて、学ぶ者にとって役立つように配慮しているつもりであるから、憲法学の広さと深さをあまり過大にうけとめないで読み進んでいただきたい。

第2章　憲法の解釈

●「憲法解釈学はすぐれて大人向き」　憲法学は、大変な広がりと深みをもっていることを前章でおおよそ理解してもらえたと思う。もちろん、理解といっても、そういうものであるらしいとの感じを得てもらうことをいっているのであって、その内実は、憲法の講義を聴きながら、あるいは具体的な憲法問題を検討する過程で学びとってもらいたい。ここでは、その程度の理解から進んで、憲法学のもう一つの特徴を、憲法の解釈という場面においてみることにしよう。

まず、ある裁判官が、5月3日の憲法記念日の新聞紙上で述べた一文の次の箇所を読んでもらいたい。

「他の科目はすべて、中学・高校の程度では、正解は一つである。数学の正解を、英文解釈の正解を、と正解志向の教育を受けて来た子供たちには、『絶対的な正解がない、というのが正解だ』という答えは、腑に落ちにくいであろうが、一つの憲法解釈だけを与えられて、白紙に墨汁のように浸みこませるのではなく、世の中いろいろな考え方があるのだ、という相対主義を子供なりに受け入れた上で大人になって欲しい。

法律学は大人の学問といわれるが、憲法解釈学はすぐれて大人向きなのであり、民主主義社会は右のような相対主義的世界観を持った成員を前提し、要請しているのであるから。」（倉田卓次『裁判官の書斎』（1985年・勁草書房）176頁）

ここでは、法律学には絶対的な正解がないこと、とくに憲法解釈学にはそれがいえること、それは相対主義的世界観が背景となっていることが説かれている。そうだからといって、法律学、ことに憲法解釈学がどうして「大人向き」となるのか、大人だって絶対的正解を求めてそれで問題を割り切る傾向があるではないか、などと揚足をとらないでほしい。要するに、大人、子供の区別より、憲法学の特徴がそんなところにあることに目を向ける必要があるということである。

●絶対的な正解がないこと　　上記の引用箇所は、二つの憲法事件の例を示したうえで述べられている。その一つは、旧刑法200条は、尊属殺人に対して、普通の殺人より重い刑（死刑または無期懲役）を科すことにしていたが、それは憲法14条１項の定める法の下の平等の原則に違反するのではないかとして争われた事件の例であり、他は、三重県津市で市の体育館起工式に神主を呼んで地鎮祭(じちんさい)を挙行したことが憲法20条の定める政教分離の原則に違反するのではないかと争われた事件の例である。前者については、本書の第Ⅱ部でやや詳しく検討することにしているので、ここでは、後者の例をみながら、「絶対的正解がない」とはどのようなことをいうのか説明することにしよう。

　地鎮祭とは、どのようなことをするものか、おおよそのことは多くの人が知っていると思われる。家屋やビルの建築の際に、あるいは道路や橋の敷設の際に、起工式を行い、そこで神主が御祓(おはらい)をし、関係者が砂の小山に鍬(くわ)を入れるあの儀式のことである。私

人がその儀式を行うのは、何ら問題なく、それに国家が規制を加えれば明らかに憲法20条の保障する信教の自由への侵害となる。ところが、地方公共団体や国家の機関が自らそのような儀式を行った場合はどうであろうか。同じ憲法20条は、政教分離の原則を定め、国家・政府が宗教行為を行うことや、宗教団体を支援することを禁じている。要するに、政治と宗教とは別々でなければならず、両者が交じり合うことや、一方が他方に介入することを禁じているのである。そうであるなら、津市すなわち地方公共団体がその市の財産となる体育館の起工式に地鎮祭を行ったのであるから、明らかに憲法20条違反と結論してよいではないか、と簡単に結論するかもしれない。しかし、問題は、それほど簡単ではない。

その事件は、訴訟となって争われ、第一審判決は合憲、第二審判決は違憲、最高裁は合憲と、裁判所の間で意見が分かれた。＊さらに、最高裁判決においても、15人の裁判官全員が合憲という結論を示したわけではなく、五人の裁判官は違憲であるとの反対意見を述べた。それらの意見の分かれ目は、政教分離の原則を厳格に適用すべきか否か、あるいは、地鎮祭のような日本の社会で古くから広く行われている行為は、憲法が対象としている宗教行為といえず、むしろ習俗に近い行為とみるべきか否か、という点にある。その議論の詳細については、判決文に目を通し、それに対する学説の分析をいくつか読んでもらえばよいことであり、また、憲法の講義では必ず触れられるので、ここで立ち入ることはしない。考えてもらいたいことは、その意見の分かれ目となった問題

第2章 憲法の解釈　*21*

点について、誰もが納得する、あるいは納得させられる絶対的正解が出てくるであろうか、問題の性格が絶対的正解を生み出すようなものではないのではないか、ということである。

* その判例は、それぞれ、津地判昭42・3・16行裁例集18巻3号246頁、名古屋高判昭46・5・14行裁例集22巻5号680頁、最大判昭52・7・13民集31巻4号533頁。地判とは地方裁判所判決、行裁例集とは行政事件裁判例集のこと。
** 私が、上級公務員の研修会や大学のゼミにおいて、これを問うたときにも、出席者の間で意見が必ず分かれた。

●相対主義的世界観

地鎮祭の宗教性を論じようとすれば、それが歴史上どのような由来をもち、今日の社会でいかなる具合に行われているのかをみなければならない。そうした論じ方は、説得力をもつはずである。ここにも、すでに前章で指摘した、憲法問題と歴史とのかかわりがあらわれている。しかし、およそ物事の歴史をたどって解釈をするとき、一体、完全に客観的な真実が導き出されるだろうか。多くの歴史的資料を用いて示される結論を、一応真実であると信じることができても、その資料の採用の仕方が異なったり、後に新たな資料が発見されたりして、別の結論の方が真実らしいということになる場合がしばしばある。

また、地鎮祭が宗教性の強いものであるとか、いや今日では習俗といえる程度になっているとかの評価についても、評価を下す人が自己の生活において宗教にいかなる態度で臨んでいるかによって大きく左右されるはずである。たとえば、熱心なキリスト教信者である人、仏教徒である人にとっては、地鎮祭は、神道の一派が行う儀式という性格を強く感じるであろう。ちなみに、前述

の事件を裁判した最高裁裁判官のうち、反対意見を書いて違憲の結論を述べた藤林長官は、クリスチャンであった。

* 藤林長官は、在任中、その反対意見を除いて、大法廷でいつも多数意見に加わっていた。なお、津地鎮祭事件最高裁判決を伝える新聞（朝日新聞昭和52年7月13日夕刊）の記事に次の指摘がある。
「ちなみに『人事興信録』によると、判決に関与した15名裁判官の宗旨は、「無教会主義キリスト教」一人、「神道」一人、「浄土宗」二人、「真宗」二人、「日蓮宗」一人、「仏教」一人、記載なし七人。クリスチャンの裁判長を除いて、宗旨を持つ人は、すべて「合憲」の多数意見である。ここもまた"神仏共存"であった。」

さらに、地鎮祭程度のことについては、それほど厳格な政教分離を主張しなくてもよいという考え方があり、これに対しては、靖国神社を国営化し、戦前のような国家神道を国民のなかに復活、浸透させようとする政治勢力に加担することになるからきわめて危険であると説く立場がある。これらの考え方や立場との関係では、地鎮祭問題は政治性を帯びてくる。

これらのことを考慮すると、絶対的正解は、容易に得られそうもないことが判明するであろう。つまり、世の中にはいろいろな考え方、見方がある。一つの考え方ですべての人を屈伏させることはできない。ものごとを判断し、決定する役割を担っている人が全員一致で結論を下すといった現象の方がかえって危険である。このようなこと——それは、相対主義的世界観といえるが——を念頭に入れて、なるべく多くの人が納得する理由づけや結論を探らなければならないのである。憲法の解釈には、基本的にこのようなことがかかわっている。ただし、憲法の解釈の特徴をそれだけに限ってしまうことは、危険である。もう少し違った観点か

らもみておかなければならない。

●一般的・抽象的な条文　　憲法が他の実定法と異なっており、それ故、その特徴となっていることとして、その条文が一般的・抽象的なことばや概念からなっていることがあげられる。憲法以外の法律の条文のなかにも、一般的・抽象的なものがないわけではない。しかし、憲法全体がそのような性格の条文に満ちており、そこから、憲法の解釈が他の法律の解釈にはみられない特徴を生み出しているといえる。以下、若干の代表的な例を示してみよう。

　憲法25条は、国民に「健康で文化的な最低限度の生活」を保障している規定である。そのことは、有名で、よく知られている。また、国がこのような保障をしているのはすばらしいことだと誰でも思うであろう。ところが、いったい「健康で文化的な最低限度の生活」とはどのようなことをいうのかを考えてみたとき、すべての人が満足できる基準を示すことができるだろうか。あるいは、それを示す客観的で絶対的な基準があるだろうか。実は、憲法学者の間でその問題をめぐって見解が分かれていた。*大きく分ければ、そのことばは一般的・抽象的な性格をもっていることを出発点におく立場と、そのことばから客観的・絶対的基準が読み取れるとする立場の対立である。おもしろいことに、憲法条文のなかのことばのとらえ方をめぐって、一般的・抽象的な性格だ、いやそうでないと議論を交わしているのである。それは、条文のことばがこれこれのことを指す、いや指さないといった議論とは異なるレベルのことである。このような議論を闘わすのは、憲法

の解釈のもっとも特徴とするところである。たとえば、すでにあげた民法90条の場合と比較してみるとよい。そこにいう公序良俗とは、一般的・抽象的なことばである。そのことを了解のうえで、ある行為がそれに該当するかどうかが問題とされるのであって、そもそも公序良俗ということばが一般的・抽象的であるか、客観的・絶対的内容をそれ自体もっているか、などという議論はなされない。

> *　堀木訴訟に対する最大判昭57・7・7民集36巻7号1235頁が登場し、この判決で、最高裁は、憲法25条の具体的実現が立法府の広い裁量に委ねられると説いた。これ以降、最高裁は、憲法25条関係の訴訟について、これを先例として処理しており、25条をめぐる学説上の論議は沈静化している。

もう一つの例を憲法13条に求めよう。それは、「生命、自由及び幸福追求に対する国民の権利については、……立法その他の国政の上で、最大の尊重を必要とする」と定めており、通常、そこに幸福追求権が保障されていると説明されている。ところが、この「幸福追求」ということばも一般的・抽象的であって、いろいろな具体的内容をそこにむすびつけることが可能である。たとえば、喫煙の自由、散歩する自由、野球をする自由、読書をする自由、よい環境に住む自由、海外に旅行をする自由などといったことを幸福追求権だと主張することができる。憲法第3章には、いろいろな人権が保障の対象としてあげられているけれども、われわれの社会生活で考えうる自由や権利を網羅しているわけではない。だから、そこから漏れた自由や権利をこの幸福追求権に含めてしまうという解釈の仕方は、有益なことだといってよい。最高裁判所は、こうした解釈を採用しているし、学説の大勢も、この

権利に包括的人権との呼び名を付している＊。そして、プライバシーの権利のように、今日の社会でその保障が必要とされる権利については、この幸福追求権に基礎づけ、憲法に根拠をもつ権利だと説明されているのである。

＊　しかし、次々と新しい人権を考え出し、憲法上の保障を求めようとする傾向に反対する立場もある。その立場の見解に出会う機会があったら、なぜ反対なのか、その理由に注目することが重要である。

しかし、ある自由や権利が一般的・抽象的な憲法の規定のどこかに基礎づけられると説くことができるとしても、それで問題が解決するわけではない。憲法が保障していると言っただけでは、現実の法的意味は無いにひとしい。さらに進んで、だからどうなるのかということに答えなければならないのである。憲法に基礎をおく権利だと説明することによって、何か特別の効果や意義が示されなければならない。そのことをあらかじめ考えたうえで、説明しているはずである。すなわち、何かの狙いがすでにあって、ある自由や権利が憲法に基礎をおくと主張しているらしいのである。それは、憲法25条の場合にもあてはまることである。このように、解釈するにあたってあらかじめ狙いを付けているとは、一体どういうことなのか考えておかなければならない。それは、もう少し後で検討しよう。

さて、以上で述べたことは、他にも憲法14条の平等原則や憲法31条の適法手続の原則をはじめ、憲法第3章の人権保障規定の各所についても指摘できる。それらの確認は、憲法の講義を聴きながらやってもらうことにして、ここでは、同様なことが人権保障

に関する規定だけでなく、憲法の他の領域にもみられることを知っておいてもらうため、さらに例をあげていこう。

●**法律に具体化を命じている**　他の領域の代表例として、憲法92条の場合がある。それは、「地方公共団体の組織及び運営に関する事項は、地方自治の本旨に基いて、法律でこれを定める」とうたっている。注目したいのは「地方自治の本旨」ということばである。もちろん、憲法のどこを捜しても、その内容を直接述べている条文はない。せいぜいそれに続く二つの条文から、地方公共団体（この地方公共団体とは何を指すのか、ということも問題となるが、ここでは、市町村、都道府県のことを念頭においてもらうことにする）がそれぞれ自らの議会を設け、その長や議会の議員などを住民の選挙で選び、条例という法を制定し、その財産を管理し、事務を処理し、行政を執行することなどが地方自治の内容となっているとの理解が可能となるだけである。そこで、そうした地方自治の内容をてがかりにしながら、「地方自治の本旨」、すなわち、地方自治の理想や意義が何であるか、解釈によって示さなければならない。

　この解釈には、すでにわれわれが確認してきたように、多様な要素が働くことになる。そして、92条は、地方公共団体の組織や運営に関する事の詳細を法律で定めるよう命じており、実際には、その要請に従って国会が定めている地方自治法をはじめとする種々の法律の規定とその「地方自治の本旨」との関係を検討することが、その解釈論の主要な作業となってあらわれるのである。

　もう一つの例として、憲法47条の場合はどうであろうか。この

規定は、選挙区や投票の方法をはじめとする衆議院・参議院の議員を選挙することに関する事項の詳細について、法律で定めるよう命じている。それでは、議会は、好きなようにそれを定めればよいであろうか。一定の制約が存在するのであろうか。このことを解釈という作業で行わなければならない。実際には、公職選挙法という法律が、憲法の命ずるところに従って、選挙に関する詳細を定めており、その規定との関係で議論が展開されている。たとえば、同法138条は、選挙に関して戸別訪問をすることを禁止しているが、それが憲法21条の保障する表現の自由を侵害する憲法違反の規定ではないかという争いがある。あるいは、同法の別表一には、衆議院の小選挙区選出議員の各選挙区が定められているが、それが憲法14条、15条などに基礎づけられる投票価値の平等の要請に違反しているとの争いがある。

このような争いにおいて展開される憲法の解釈は、憲法47条だけをめぐってなされるのではなく、他の諸規定との関連で問題の考察がなされている。つまり、憲法が議会の制定する法律に具体化を委ねていても、議会は、好きなようにその具体化の内容を定めてよいわけではないのである。憲法の許容している範囲があるはずであり、それが何であるかを判断することが、解釈という作業の役割となっているのである。

憲法の条文をみていくと、法律を定めることにより憲法の内容を具体化するように命じているものがほかにも沢山あることに気付く*。それらの場合、上にみた二つの代表例におけるのと同じ解釈上の性格が多かれ少なかれみとめられるはずである。すなわち、

憲法条文にうたわれている文言がどういう理想や意義を背景としているのか、他の条文で命じているところと、法律が具体化したところとの関係ないし整合性が望ましいものとなっているのか、ということを考察することである。

* その条文を列挙すると、2条、4条2項、5条、7条5号・8号、10条、17条、24条2項、26条、27条2項、29条2項、30条、31条、40条、43条2項、44条、47条、49条、50条、59条3項、60条2項、64条2項、66条1項、67条2項、73条4号、76条1項、79条1項・4項・5項、80条1項、90条2項、92条、93条1項・2項、95条。

●一義的解釈を許さない　憲法に定められている字面(じづら)だけをみて文字どおりに理解すると、納得のいかない場合がでてくることがあり、それゆえ解釈上工夫が求められるのも憲法に伴う特色である。これについても、若干の例をみることにする。

まず、憲法41条の場合がある。それは、「国会は、国権の最高機関であつて、国の唯一の立法機関である」と定める。これをすなおに理解すれば、国会以外の国の機関は、立法をしてはならないことになる。そうでなければ、「唯一の」ということばの意味が失われてしまうからである。ところが、憲法の他の条文には、この「唯一の」ということばに反する規定をみることができる。憲法73条には、内閣が政令を制定できるとしており、77条には、最高裁判所が規則を制定できるとしており、94条には、地方公共団体が条例を制定できるとしているといった具合である。また、実際上、裁判所は、裁判において法を適用し、事件を解決する過程で、法の形成をする（これを、判例法という）。これらのことと

の関係では、どうも「唯一の」ということばは、文字どおりに解してはならないようである。そのことばの使い方が誤りだというわけではない。それはそれなりの意味があるのだとの観点から、説明がなされている。その内容は、どの教科書にも述べられていることなのでここであえて述べる必要はない。ことばどおりの解釈では通用しないということを知ってもらえばよい。

　次に、憲法21条2項の「検閲は、これをしてはならない」という規定に注目しよう。「してはならない」ということは、してはならない以外のなにものでもないはずである。しかし、刑事収容施設及び被収容者等の処遇に関する法律の127条をみると、その1項には、「刑事施設の長は、刑事施設の規律及び秩序の維持、受刑者の矯正処遇の適切な実施その他の理由により必要があると認める場合には、その指名する職員に、受刑者が発受する信書について、検査を行わせることができる」とある。また、その129条1項には「刑事施設の長は、第127条の規定による検査の結果、受刑者が発受する信書について、その全部又は一部が次の各号のいずれかに該当する場合には、その発受を差し止め、又はその該当箇所を削除し、若しくは抹消することができる。……」とも規定している。要するに、これは、刑務所に入れられた者については、その者が出したり受け取ったりする郵便物の検閲をすることができるとの定めであり、実際にそういう扱いがなされている（さらに、受刑者が読もうとする新聞、図書類も検閲を受けている）。

　また、関税法の69条の11第1項7号は、「公安又は風俗を害すべき書籍、図画、彫刻物その他の物品」を輸入してはならない貨

物として定めている。これに基づいて、税関職員は、印刷物や映画などを検査して猥褻と判断すると、国内に持ち込むことを禁じる措置をしている。これらは、憲法21条2項がつよいことばで禁止している検閲にあたるのではないだろうか。そう主張して争った事件に対して、最高裁は、合憲との判決を下している。もちろん、学説のなかには、その最高裁判決を誤りだとして批判する見解もある。ただ、われわれがここで確認しておかなければならないことは、検閲をしてはならない、という憲法のつよいことばにもかかわらず、検閲（あるいは、検閲そのものでなく検閲類似の行為というべきとの主張もある）が合法として行われている事実が存在するということである。

　＊　以前は、この関税法69条の11第1項7号と同様の規定が関税定率法21条1項3号にあり、訴訟は、この規定およびそれに基づく税関長の措置が違憲であるとして争われ、その判例が最大判昭59・12・12民集38巻12号1308頁である。

これと同様の例がまだ他にもある。憲法36条の、「公務員による拷問及び残虐な刑罰は、絶対にこれを禁ずる」という規定の場合がそれである。「絶対に」ということばが使われているのは、憲法のなかでここだけである。それは、大変つよい禁止の意味だと受けとめるのがあたりまえである。しかし、死刑という刑罰が刑法の各所に定められている。日本では、この死刑の執行は絞首して行う方法がとられているが、とにかく犯罪者の命を奪うという刑罰は、憲法がつよく禁じている残虐な刑罰にあたらないだろうか。その問題に対して最高裁は、死刑そのものが残虐な刑罰に該当するのでなく、死刑の執行方法について残虐なやり方が定め

られたなら違憲となるが、絞首刑という方法はそれにあたらないと判決している。確かに、死刑について、それを残虐とみるか否かは、見解の違いだということができるかもしれない。ただ、ここで注目しておきたいのは、残虐な刑罰を絶対に禁ずるという憲法のことばを、最高裁が、残虐な刑の執行方法を絶対に禁ずるということばに置き換えていることである。つまり、ここにも、憲法条文に示されていることばどおりの解釈がなされていないことを見ることができるのである。

＊　最大判昭23・3・12刑集2巻3号191頁。

さらに、憲法37条では、被告人は、「公開裁判を受ける権利を有する」と定められているにもかかわらず、82条2項では、一定の場合に裁判を公開しないで行えると定められている。これも、37条のことばどおりに受けとめられない例である。

●狙いを定めた解釈　憲法の解釈に伴う特徴やら独特の性格やらについて、あれこれ代表的な例をあげてきたが、それは、決して読者を混乱させるつもりで述べてきたわけではない。ここで、先ほど後まわしにしておいたこと、すなわち、あらかじめ狙いを定めて憲法条文の解釈をしているらしいということを考察することにする。それによって、あれこれの解釈上の特性に貫かれている基本的問題を明らかにできるはずである。

まず、憲法の解釈は、何のためになされるのかということを考えなければならない。それは、ある問題や紛争を解決するためである。解決といっても、起こりうる問題や紛争を予想したうえで

のことの場合もあれば、現に生じたものに向けた場合のこともある。そのように、向けられる対象の具体性の程度に違いがあるかもしれないが、とにかく解釈は、問題や紛争の解決を離れてはありえない。つまり、憲法の解釈は、すぐれて実践的意味をもっているのである。それは、別に憲法の解釈についてだけでなく、およそ法の解釈とは、そういう性格をもっている。

　ところで、問題や紛争を解決しようとする者は、必ず、自己にとって望ましい決着を心に抱いているはずである。それは、利害関係が直接及ぶ者にとっても、また、そうでない者、たんなる判定者の立場にある者にとっても程度の差があるかもしれないが共通にみられることだといえる。そして、その望ましい決着に向けて、別な言い方をすれば、狙いを定めて、法の解釈ということがなされるのである。それは、まず、問題や紛争にかかわる法をみつけだし、つぎに適用する過程がふまれるのであるが、そこに解釈という作業がなされるのである。その法が憲法である場合、単純かつ機械的な適用でなく、なぜある条項の適用がなされるのかいろいろ説明する必要が生じてくることが多い（それは、他の法律の場合でも同様であるが、憲法の場合はとくにそのことがいえる）。その例をすでにいくつかみたのである。つまり、いろいろな解釈の仕方を通じて、結論を得ることになる。

　一般に、法の解釈の仕方には、定められている規定の文言にそって、そこからすなおに読み取れる内容を導き出す解釈方法と（これを文理解釈という）、ある狙いを定めてそれに合致するような解釈をする方法（これを目的解釈という）とに分けることがで

きる。以上述べてきたところ、あれこれあげた例から明らかなように、憲法の解釈の場合には、文理解釈だけでは不十分であったり、結論を出しにくかったりすることがかなりある。そこで目的解釈がよくなされることになる。

* もっと詳しくは、「法学入門」とか「法学概論」といった概説書を読むとよい。

目的解釈といっても、解釈する人がそれぞれ勝手に自己の価値観や世界観に基づいて行うことをいうのではない。あくまでも憲法が定め、憲法が意図しているところに基盤をおいていなければならない。憲法によりどころをみつけつつ、自己の狙いと合致させる議論を展開する必要がある。そうでなければ説得力がないものとなってしまう。それでは、そのよりどころは何であろうか。それは、日本国憲法の全体を支配している原理である。憲法の基本原理として語られることがそれにあたる。そこで、われわれは、章を改めて、それを考えることにしよう。

● 学ぶ者にとっての「憲法の解釈」

最後に、ここでも、憲法を学ぶ者にとって、以上述べてきたところにどう対応したらよいかということを語っておこう。憲法学の研究者にとっての憲法解釈上の問題と、これから学ぶ者にとってのそれは異なるはずであるからだ。

なにより大切なことは、裁判所や学者の示した憲法の解釈の内容をよく理解することに努めなければならないことである。自分がどのような解釈に賛同するかということは後まわしにしておいて、まず、他人の言うことをよく理解することが必要である。「学ぶ」と

は、そういう姿勢のことをいうのである。

　法律の勉強においては、結論よりも理由づけが重要だとよくいわれる。それは、結論などどうでもよいといっているのではなく、しっかりした理由づけがない結論は、説得力がなく、容易に反駁(はんばく)されてしまうことを指しているのである。しっかりした理由の構成の仕方は、上に述べたように、まず、判例、教科書、解説書に示されている多様な解釈を学びとり、その違いを考えぬくことによって獲得される。「一つの憲法解釈だけを与えられて、白紙に墨汁のように浸みこませるのではなく」と、この章のはじめに引用した文のなかで裁判官が述べているのは、そういうことを指しているのだと思われる。

第3章　日本国憲法の仕組み

●憲法のめざすもの　　日本国憲法は、三つの基本原理からなっている。それは、国民主権主義、平和主義、基本的人権尊重主義である。それらの原理は、憲法の前文から読み取ることができ、また、第1条以下の諸規定の各所に生かされている。──これは、高等学校までの教育で教えこまれることであり、本書の読者のほとんどが知っていることであると思う。だから、たとえば、それについて大学入学試験の問題として出しても正解率が高くて、問題としては不的確だといわれそうである。しかし、上の100字程度の文を覚え込んだことをもって、憲法の基本原理が理解されたとするわけにはいかない。

いうまでもなく、これらの原理がどういう意味をもっており、第1条以下の規定のなかにどのように体現されており、さらにどのような問題がそこにかかわっているかなど、たんなる覚え込みとは違った、生きた理解をすることが肝要である。その理解をするためには、憲法の基本原理とそこから派生する諸原則がいかなる性格のものなのか、あらかじめ知っておいた方がよい。

まず、これらの基本原理のなかには、わが国の政治の在りかたや法秩序の基礎をなす根源の価値が含まれているとされており、このことを確認しておかなければならない。つまり、基本原理が基本原理たるゆえんは、そこに日本国憲法がめざしているものが集約されているということである。

憲法がめざしているもののことを基本原理というならば、別に、上にあげた三つの原理に限らなくてもよいはずだ、という考えがあってもおかしくない。日本国憲法のどこにも、基本原理だとして定めた文言は存在していない。それは、学説が構成したものである。事実、学者のなかには、日本国憲法の基本原理として、これらとは異なったものをあげる見解がある。異なったものをあげると、憲法がめざしているところが変わってあらわれるのであろうか。たとえば、個人の尊厳、国民主権、社会国家、平和国家の四つを基本原理とする見解、個人主義、基本的人権の尊重、国民主権、社会国家、平和国家の五つを基本原理とする見解、さらに、上の三原理に法治主義を加えた四原理とする見解などがみられるが、それらの間にどのような違いが生ずるのであろうか。それらのうち共通するもの（それは結局、上の三原理となる）以外の原理は、憲法のめざすところ、したがって憲法のもとで実現されるべきことをそれぞれの見解がなおかつ強調したいために取り上げたと受け取れないであろうか。こんなことを考えながら、基本原理の意味の理解に努めてもらいたい。
＊

＊　なお、立憲主義ということが憲法をめぐる政治の場面で登場するが、それは、日本国憲法の内容をなす基本原理や原則というより、日本国憲法の存在を意味づける制度理念である。すなわち、立憲主義とは、憲法により、国の統治権者である政府に、その権力の根源を与えたり制約したりする制度理念のことをいう。これをめぐる論議は、本書の最後の「第9章　国民と憲法」でふれることにしている。

●「打ち出の小槌」のような
　憲法の原理・原則

憲法の基本原理は、そこから派生するいくつかの原則となってあら

われ、あるいは、憲法の各規定のなかに生かされ、具体的な問題に適用され、浸透することになっている。また、逆に、ある具体的な問題が生じて、それが憲法にかかわることだと受け取られると、関係する憲法条文や憲法のうたう原則が引き合いに出され、それでもなお解明できないと、憲法の基本原理なるものに遡って考察され、解答を得ようとする。つまり、憲法の基本原理は、そこから出発したり、そこに戻ったりする大本であるということができる。基本原理は、このような機能をもつものとしてとらえられているはずである。そのことを、前章で憲法の解釈ということがどのようなことなのかをみた際に、具体例を通じて示した。

　ところで、おとぎばなしの一つに「打ち出の小槌」のことがでてくる話があることを御存知であろうか。小槌を打ち振ると、願ったことが何でもかなえられるのである。憲法にもられている原理・原則は、ちょうどその小槌のように、望むことがつぎつぎと出てくる便利なものだと思い込んでしまってよいだろうか。

　それではいけないのである。憲法学は、基本原理やそこから派生する原則について、まず、どのような意味をもっているかを確定することを行う。憲法の教科書とされているものを手にとってみるとよい。そこでは、日本国憲法についての解説や論述をするにあたって、ほとんど例外ないといってよいほど、いわゆる総論としての部分が設けられ、そこで基本原理をまとめて説明し、あるいは、人権保障や統治機構の章の総論部分、その他随所に基本原理とのかかわりが言及されている。そのような箇所を読むとき、「そもそも○○とは、△△の意味である」といった式の説明であ

るため、読む者にとってはやさしくはなく、苦痛にさえ感じるのではないかと思われる。しかし、それは、いわば打ち振る小槌から出てくるものの範囲を決めているのであり、何でも願ったことが出てくるわけではないことを説明しているのだと受け取ればよい。そして、先に言及した基本原理の項目のあげかたに学説上違いがみられるのは、小槌から出てくるものに多少の違いがあるのだ、あるいは出てくる様子が異なるのだと思えばよい。それがどのような違いなのかに注意して、勉強してもらいたい。

●憲法の構造　　憲法は、人権保障の部分と統治機構の部分からなっている、というのが一般的理解である。憲法の教科書や体系書についてみても、人権保障論と統治機構論とに分けて論じるものが多い＊（憲法の教科書については、この章の最後の部分でさらに言及することにしている）。憲法の領域をこのように二分することは、それぞれが異なる性格をもっているから当然だといえる。すなわち、人権保障の分野は、主として個人と国家の関係を扱っており、統治機構の分野は、政治の仕組みを内容として、個人の問題にはほとんど関係しない。

＊　最近では、憲法総論、人権保障論、および統治機構論の３分野に分ける傾向がみられる。

　しかし、それら二つの領域が相互に関連しあっていることをここで強調しておきたい。憲法の教科書も講義も、多くの場合、その二つの領域に分けて解説されるため、両者を分断して別個に図式的に理解されるおそれがある。学ぶはじめからそれを打ち破っておいたほうが、憲法の生きた理解をすることができると思われ

る。その関連性はいかなる具合であるか、簡潔に語ることは容易ではないが、ある人権の保障を問題とするときを例にとり、注目すべきポイントを示しておこう。

①ある人権の保障を問題とするとき、多くの場合、人権規定だけを考察の対象とするのではなく、人権を規制する法律、命令、条例などの法令や行政機関の行為との関係が問題となっている。そこで、法令や行政機関の行為がどういう制度のもとでどのように生じたのかを知っていなければならない。つまり、それは、人権の規制を生む統治の機構のことについての考察である。

②人権の侵害に対する救済は、裁判においてなされる。裁判の内容は、主として人権保障の領域であるが、裁判を支える制度は、統治機構の分野に属する。制度のことを無視して、どのような救済が可能かということを論じることはできない。

③人権の救済は、裁判によるだけではなく、法令の制定により、あるいは裁判所以外の国家の機関によってもなされる。また、裁判所の判決に対応して、法令の制定、改正、廃止がなされ、行政機関の新たな行為が生まれることがある。

④選挙権や選挙運動の自由を保障する問題のように、議会制度という統治機構の分野における憲法の定めと密接に関連させて考察することが求められる場合がある。

(このようなことを具体的に知ってもらうために、本書の第Ⅱ部や第Ⅲ部の解説は書かれているので、そこでこれらのポイントを確認していただきたい。)

●理念・具体化・現実　日本国憲法の仕組みを、前文および103箇条の条文に関連づけて説明することは、憲法の講義や教科書のなかでなされている。ここでは、そのような説明とは別に、憲法のもつ特徴に注目することによって、憲法の仕組みの理解に役立つことを述べておきたい。

　それは、憲法が、ある一定の理念を基礎として定められていることである。たとえば、基本的人権とされているもののなかには、およそ国家が存在していない状態を想定し、人が人であることにより当然取得する自由があるとの考えに基づいているものがある。それを自然権と呼ぶことは、多くの読者が知っているとおりである。ところで、実際上、国家や社会とのつながりを切り離して、人の生存を考えることができるであろうか。たとえそれが考えられるとしても、それは、無人島に流れついた人のように、国家とか社会とは無縁の状態となろう。つまり、憲法を制定し、その規定のなかに人権の保障をうたうからには、それは、国家や社会の存在が前提となっているのである。すると、憲法にうたった人権を前国家的な権利などというのは矛盾したことではないかという疑問が生ずる。それをどのように説明したら矛盾しないのであろうか。その答は、前国家的な人権とは、そのような理念をもつものとして定められたのである、とされる。

　もう一つ例を出そう。国民主権の場合は、どうであろうか。それは、国の政治のあり方を最終的に決定する権限が国民にあることをいう原理だとされている。これについても、現実はそうでないことをすぐ思いつくはずである。個々の国民は、国の政治につ

いての最終的決定権を行使したことなど一度もない、そんなことは身に覚えがないというはずである。これも、現実はそうかもしれないが、そういう理念を憲法はうたっているのだと説明される。

　憲法は、このような理念をいくつか取り込んでできあがっているといってよい。憲法学は、まず、そうした理念がどのようなものであるかを探求することをその重要な内容としているのであるが、いうまでもなく、それだけで終わるのではない。憲法は、理念と現実をつなぐ具体化をある程度定めており、その具体化と理念との関係を追求することも、憲法学の重要な仕事となっている。上にあげた例についてみれば、前国家的な自由権が思想・良心の自由、信教の自由、表現の自由などの保障規定として憲法に定められているところを考察することである。あるいは、国民主権原理が、国民の選挙権の保障や議会制度の設定として憲法にあらわれているところを研究することである。

　また、憲法に取り込まれている理念は、憲法の個別の規定だけでなく、法律によっても具体化がなされる。この段階の具体化については、憲法の理念や条文の定めが命じ、要求しているところと異なるとして、憲法違反ではないかとの議論が展開されることになる。そうした議論を説得的なものとするためには、理念の把握がしっかりしていなければならない。

　理念の把握を誤ると、おかしな議論が登場することになる。たとえば、人権規定のなかに、「……してはならない」との禁止のことばをみることができる。これは、いったい誰に向けた禁止なのであろうか。それは、いうまでもなく、国家に向けたものであ

り、個々の国民に対してではない。○○のことは個人にとって本来自由であるから、国家は侵してはならない、といっているのである。○○のことは個人にとって本来自由である、との理念を国家に向けて宣言していることを忘れると、個人が自由であることと同時に、「……をしなければならない」という国民の義務をもっとうたうべきだという主張が生じかねない。国家が個人に義務を課すことは、人権保障の理念とは関係のないことであり、理念を無視した主張である。

* 残念なことに、日本の政治家のなかには、この基本的な憲法理解を欠いた発言を公然とする者がいる。

こういうわけで、憲法学では、理念の追求、その理念の具体化の追求、具体化されたことと現実の関係を追求することが大切な内容となっている。

●憲法原則というもの
　──「権力分立の原則」の場合

基本原理や理念について述べてきたので、さらに、憲法のなかにいくつかみられる諸原則といわれるものの性格についてもみておこう。もっとも、原理と原則とはどう違うのかと疑問に思われるかもしれないが、ここでは、すでに言及した基本原理とされているものと、そこから生じるもの、あるいは憲法の規定のなかから導かれるものとを区別して、後者の方を原則と呼ぶことにする。権力分立の原則、平等原則、適法手続の原則などがそれである。ここでは、権力分立の原則をとりあげて、その性格がどのようなものか、考えてみることにしよう。

* したがって、権力分立の原理といわれる場合と異なる内容を示しているわけではない。

権力分立の原則の意味やその思想の由来については、これまでの教育の過程でよく教えられてきたことであるから、ここで繰り返し述べるまでもない。問題にしたいのは、この原則を先に言及した「打ち出の小槌」として使い、国家の統治の機構が常に明確に説明できるのか、ということである。こういう問題を発するからには、この原則によって、統治の機構の分化をそれほど明確に説明できないと言うつもりであろうと察知されたに違いない。そのとおりである。では、そのことを示す具体例を出していったほうが手っ取り早い。

　国会は、立法の作用を行い、それが内閣や裁判所の他の二権と異なるところだとされている。しかし、国会で成立する法律の大部分が内閣により提出された法律案である。もちろん、国会では、審議、議決という立法作用の中核的行為を行うが、どのような政策をどのような法律により実現するかという立法の実質的主導権が、内閣によって行使されていることは否定できない。このように、議院内閣制をとる日本の統治機構のもとでは、立法・行政の二権の間が緊密であり、明確な権力の分立よりも相互の関係をみることが大切である。さらに、行政府は、法律による委任を受けて、多くの命令を制定し、最高裁判所もいくつかの規則を制定しており、それら立法作用は、憲法自身がみとめていることでもある。このように、立法ということをみるだけでも、その作用が国会によって排他的になされているわけでなく、実際上は、三権の間に相対的な関係を生み出しており、国会は、立法の作用を主に行っているとみるのが適当である。

次に、条約の場合を例にとろう。その締結権は、内閣に与えられている。しかし、条約も法であるから、その成立には、立法府である国会が関与しなければならない。憲法73条3号は、そのことを定めている。つまり、条約という法は、行政権と立法権の両者のかかわりが必要となっている。いや、条約の締結行為は、行政の作用で、その国内法としての成立は、立法作用だから、権力の配分が原則どおりになされている、と反論されるかもしれない。＊
しかし、それは、結果をみてそう説明しているにすぎないのではないだろうか。

　　＊　なお、国会による条約の承認の意味については、外交に対する民主的統制の観点から説明されるはずであり、そのことを教科書や概説書は説明しているはずである。

　さらに、地方自治の制度の場合をみてみよう。地方政府がもっている権限は、三権のいずれにも属さないのではないか。ただ、権力を分散させるという趣旨には合致しているが。
　このように、権力分立の原則のもとで、不明確な領域、灰色領域といえるものが存在すると、指摘することができる。つまり、権力分立といっても、国家の権力作用が相対的な関係におかれていて、配分された結果を説明すること、すなわち、結果表示的な説明であるとみることができ、これに対し、何か論理的に当然なものとして、三権の役割の範囲や限界が出てくるのではないといえるようである。したがって、ある問題について、権力分立の原則からいって当然これこれしかじかの結論が導かれる、という断言は、その権力分立とはそもそも何のことであるのかという反論

に出会うことになる。

　どうやら、権力分立の原則をしっかりとらえるためには、上述の簡単な指摘にとどまらないで、もっと徹底した分析が必要とされるようである。ただ、ここでは、その原則が、容易にはとらえられない性格をもっていることを知ってもらえばよく、詳しい議論は、それをテーマにした論文を読んで検討していただきたい。また、他の諸原則も、多かれ少なかれ、そういう性格をもっているので、それを覚悟して学ばなければならない。

●法理・基準というもの
　——「公共の福祉」の場合

　憲法の仕組みをとらえるために、もう一つ関心を向けておくべきことがある。それは、憲法に関する比較的具体的な論議の場面で登場する法理とか基準と呼ばれるものである（理論、裁判法理、判断基準、審査基準といったいろいろな言い方がある）。これに属するものは、憲法の講義でいくつか示され、考察されるはずであり、ここでひとまとめにして語ることを許さないほど、その内容は多様である。そこで、ここでは、もっともなじみの深いと思われる「公共の福祉」という人権制約の基準（標識、理論または法理といってもよい）を取り上げることにする。

　＊　「公共の福祉」は、憲法12条、13条、22条、29条にうたわれており、「二重の基準」とか「合理性の基準」のように、裁判法理として生み出される司法審査の基準とは異なるものともいえる。基準ということばの示すレベルの違いについては、今後の勉強の過程で注意していく必要がある。

　さて、「公共の福祉」は、次のように使われることがある。すなわち、「○○の法律が憲法で保障された△△の自由を制限しているが、それは、公共の福祉のための合理的制限を定めたものと

みることができ、違憲の主張はみとめることができない」と。ここでは、公共の福祉は、ある人権が制限されることを正当だと説明する根拠として使われているとみることができる。学生諸君のなかに、「その制限は、公共の福祉のためだからしようがないんではないですか」という答えを発する者がいるが、その言い方と大差はない。なぜなら、それこそ「公共の福祉」を打ち出の小槌として、およそ人権の制限を正当化するために、いつでも、どのような場合にでも用いることができるからである。憲法の論議をそのようにやってはいけない、とこれまで述べてきたから、どこがいけないかもう察知できるかと思われる。

　「公共の福祉」とは、どのような概念なのかをまず確定しなければならないのである。また、その概念は、個別の法律の個別の問題ごとに異なってあらわれてくるはずであり、どのような問題にも共通してあてはまる内容はないと思われる。いや、そういう内容があるというなら、それを示さなければならない。実は、最高裁判所は、1950年代頃に、そういう作業を十分行わずに、上記の例のような判決理由を述べたため、憲法学者から厳しい批判を受けた。

　では、「公共の福祉」の内容を個別の法律について明らかにするだけでよいだろうか。それだけでは、法律がなぜ人権を制限しているのかということを明らかにしたにすぎない。明らかにされた理由をもって、直ちに憲法の保障する人権の制限として正当だと結論することはできないはずである。その制限が人権保障の趣旨に適合するかどうかの考察をさらに行わなければならない。そ

の考察が十分説得的であるか否か、分析しなければならない。憲法学は、そういう考察・分析に力を注ぐのである。

さて、このようにみてくると、「公共の福祉」を安易に振り回してはならないことが、少しは理解できたと思われる。他の法理・基準といわれるものも、同じような性格をもっているので、注意して学んでもらいたい。

●憲法の教科書

最後に、憲法の講義で使用される教科書に目を向けることにしよう。

通常、日本国憲法全体を解説する書、つまり概説書が教科書として使われることになっている。ところが、すでに指摘したように、そのような概説書は、それが書かれた時点における憲法学の成果が集約された形で取り込まれている。また、そもそも憲法とは何かということにはじまり、憲法の由来、憲法に対する学問的方法論にまで言及するものもあり、さらに、全体としての体系性も重視される。その叙述は、ある概念の定義づけをし、その上で個別の問題を解説するという方法がとられることが多い。そこで、ややおおげさな表現をすれば、一字一句もおろそかにしないで、慎重に、よく嚙み締めて読んでいかなければならない。よく煮詰められた内容となっているので、手垢で汚れるほど何度も読んで、やっと理解できたとの感じが得られるくらいである。そういう概説書に、立派な書だとの評価が与えられている。こういうわけで、憲法の仕組みをてっとり早く教科書から学び取ろうとしても、それが容易に達成できないようになっているのである。そこで、教科書について学ぶ者の若干の心構えをここで述べておくことにしたわけである。

教科書の体裁　なぜ憲法の概説書や教科書が上に指摘したような内容、形式となっているのであろうか。それは、憲法に限らず、日本の法律学の伝統がドイツやフランスのそれを模範とし、大学における講義もそれらの国で行われていた方式をとり入れて発展してきたからだと思われる。日本国憲法がアメリカ憲法の影響をつよく受けて制定されたといっても、憲法の教科書や憲法の講義の様式まで変えられたわけでなく、それらは、若干の変化がみられるにしても、基本的には従来のままで今日に至っている。

　ちなみに、ドイツの代表的な憲法概説書をのぞいてみると、「第一章　憲法の概念と特質」にはじまるいわゆる憲法総論の部分から、人権保障、統治機構といった部分へと、体系的に、またドイツ憲法学の成果を集約して、さらに著者の見解をおりまぜて論述されている。それは、日本の多くの憲法概説書にみられる様式によく似ている。

*　翻訳本でみるのが適当なので、ここでは、やや古いものだがコンラート・ヘッセ著（阿部照哉ほか訳）『西ドイツ憲法綱要』（1983年・日本評論社）をあげておく。

　これに対して、アメリカ合衆国の憲法教科書はどうなっているであろうか。そこでは、そもそも日本のような法学部に匹敵するものがなく、4年制の大学を卒業した者が法律の専門家になるために入学する大学院レベルのロー・スクールが存在するのであるが、そこで使われる憲法教科書は、判例を収録したケース・ブックと呼ばれるものである。通常、千頁を超える分厚いもので、しばしば改訂され追録が出される。注目すべきは、そこには憲法総論にあたる部分（つまり、憲法とは何か、憲法の由来・歴史、憲法学の方法論などの論述）はなく、また、議会制度や行政権などに焦点をあてた統治機構に関する解説もない。司法審査制や連邦制に関する部分があるが、大部分が人権保障にかかわる判例の体系的な配列に費やされている。

つまり、日本のほとんどの憲法教科書とは、似ても似つかない体裁となっているのである。それは、憲法の教育方法や目的が違うからであるといってしまえばそれまでであるかもしれないが、私には、アメリカの教科書の方式にもう少し注目してもよいと思われる。

* ただし、大学の学部でも憲法の講義はある。私が出席した政治学部の憲法授業では、やはりケース・ブックが教科書として使われていた。

　待ってくれ。学ぶ者にとって、外国と比較した教科書批判など聞かされてもなんの益にもならない、といわれるかもしれない。しかし、大学の憲法の講義では、憲法の教科書のほかに判例集を使うのが通例となっている現状を知らないからそういうのである。実は、ドイツ型の憲法教科書にアメリカ型に近い（決して同じとはいえない）補助教材として判例集を使って行われる憲法の講義のことを、私は問題にしているのである。これは、教科書批判ではない。学ぶ者がそういう講義にどう対処すればよいかを考えようとしているのである。

教科書にどう対応するか　さて、私がアメリカの教科書の方式に注目したい、といったのは、それが学ぶ者の対象に合わせた教科書となっていることである。今ここで、わが国の憲法の教科書をそのようにせよといってもはじまらない。そうではなくて、学ぶ者が、学ぶ者の身になって書かれてはいない教科書にどう対応した勉強をすればよいか、ということを述べようとしているのである。以下、それについて簡略に指摘しておこう。

* 2004（平成16）年度から始まった法科大学院での授業は、法曹養成を目的とするものであること、また、教師が一方的に講義するのでなく、教師と学生との間の双方向議論で進めることが求められていることも関連して、伝統的な教科書・概説書とは異なる様式のものが登場するようになっている。この動向は、ここで指摘していることに対応したものだといってよい。

　①教科書を読む前にルソー、ロック、モンテスキューなどの政治思想について学んでおこう。——日本の憲法について学ぶためには、

西欧にはじまる憲法思想に遡り、いかなる基本的思想や理念が基礎となっているのかをまず知らなければならない。憲法の総論部分は、それに頁を割いているのであるが、これは、日本の憲法学に担わされた宿命のようなものである。教科書や概説書の当該部分に集約された議論を理解するのは大変である。そこで、社会契約論や人権思想に関する主要な思想家の作品を、いや、それが無理だったら分かりやすく要約されたものを、完璧さはさておいて、何らかの感覚を養う意味で読んでおくことを勧める。アメリカのロー・スクールは、そうした教養はすでにあるものとして、ケース・ブックに立ち向かわせている。

②総論にいつまでもとらわれないで、各論の方を学べ。各論を学んでから総論に戻った方が総論の理解がしやすい。——憲法の個別の分野ごとに総論的説明ないしその分野全体にかかわる説明がまずなされており、それから個別具体的な内容の説明に入る形式が通常とられているが、著者は、あらかじめ後者の方を見据えながら述べているのであるから、前者の方に捕らわれていないで、さっさと進んでいき、あとで戻ってくればよいはずである。たとえば、人権保障の体系や人権の分類の説明の部分は、個別の人権のことについてひとわたり学んでから読み直すと理解が深まるはずである。権力分立や公共の福祉といった概念については、すでに言及したが、原理や原則の場合の理解も同じ手順をふむとよい。

③判例は、系統だてて学べ。——ある憲法条文に関係する判例はこれである、といった式に判例を覚え込む勉強は、全く誤った勉強法である。判例は、生き物のようなものであり、その成長やら周りの境遇やらをみとどけないと、真の姿をつかむことができない。つまり、判例を系統だてて学ばなければならないのである。それは、ある事件の下級審から最高裁まで、時には下級審に戻って落着する

までをみること、同種の事件について過去の判例がどうなっているかについてたどること、他の領域の判例との関連を比較することなどを意味している。これについては、次の第II部で、徹底的とはいえないが、実例を示すことにしている。

第 II 部

憲法事件をたどってみよう

法律学のどの分野についてもいえることだが、ある一つの問題に焦点を絞り、それについていろいろな角度から深めた分析をして考え、理解しておくと、それが他の問題を考え、理解することに大いに役立つ。

　これは、初学者の勉強方法に有効であるだけではない。実は、おそらくどの法律学者についてもいえることだと思うが、学者は、研究者として出発する時点で、ある問題について徹底的といえるほど深めた研究をする。その研究の成果を土台にして、他の問題領域に研究を広げていくのである。はじめの研究がしっかりしていればいるほど、研究の拡大も確かなものとなるといえる。

　そこで、本書でも、この第Ⅱ部で、ある憲法事件をとりあげ、それをめぐっていろいろな角度から検討することにしよう。その事件は、尊属に対する犯罪を重く罰する刑法の規定をめぐる憲法論議にかかわるもので、1995年（平成7年）の刑法改正で一応の決着がついたようにみえる。しかし、憲法価値の具体的実現という憲法問題の重要な課題との関係では、現時点でも考察に値する問題を抱えた事例である。

　もっとも、ここでは、すべての論点について十分深めた議論を展開するだけの余裕がない。読者は、各所で指摘する論点を手掛りとしてより深めた考察をし、さらに、この例にならい学習を拡充していってもらいたい。

第4章　尊属殺人事件の裁判例

●改正前の刑法条文　　これから検討する事例には、1995年（平成7年）になされた改正前の刑法条文が問題とされている。最近発行された条文集（六法）を参照すると、条文の体裁が異なっていたり、削除されたりしているので、ここでまず旧条文を掲げておく。どういう内容か、しっかり読んでおく必要がある。

　第百九十九条　人ヲ殺シタル者ハ死刑又ハ無期若クハ三年以上ノ懲役ニ処ス
　第二百条　自己又ハ配偶者ノ直系尊属ヲ殺シタル者ハ死刑又ハ無期懲役ニ処ス
　第二百五条　身体傷害ニ因リ人ヲ死ニ致シタル者ハ二年以上ノ有期懲役ニ処ス
　②自己又ハ配偶者ノ直系尊属ニ対シテ犯シタルトキハ無期又ハ三年以上ノ懲役ニ処ス
　第二百十八条　老者、幼者、不具者又ハ病者ヲ保護ス可キ責任アル者之ヲ遺棄シ又ハ其生存ニ必要ナル保護ヲ為ササルトキハ三月以上五年以下ノ懲役ニ処ス
　②自己又ハ配偶者ノ直系尊属ニ対シテ犯シタルトキハ六月以上七年以下ノ懲役ニ処ス
　第二百二十条　不法ニ人ヲ逮捕又ハ監禁シタル者ハ三月以上五年以下ノ懲役ニ処ス
　②自己又ハ配偶者ノ直系尊属ニ対シテ犯シタルトキハ六月以上七

年以下ノ懲役二処ス

　これらのうち、第二百条および、第二百五条・第二百十八条・第二百二十条の各2項は、現在では削除されている。なぜ削除されたのか、そのままだと、何か憲法問題が生じるのか、ということが以下での検討課題である。

　＊　以下では、200条、205条というように記す。

●**尊属傷害致死事件**　　昭和24年＊、それは、日本国憲法が施行されてから2年が過ぎたときであるが、福岡県の飯塚市で、一つの刑事事件が起きた。その事実関係には、複雑な問題が含まれているわけではない。すなわち、夕刻、父親と息子が雑談中口論となり、息子は、父親が投げつけた鍋や鉄瓶を投げ返したところ、それが父親の頭部に当たり、頭蓋骨折の傷害を与え、その父親は、翌日頭蓋骨内出血のため死亡したというものである。そこで、その息子は、刑法205条2項の尊属傷害致死罪を犯したとして、福岡地方裁判所に起訴された。

　＊　判例集における裁判年は、元号を使うことになっているので、それに合わせて、以下、この章では西暦年数は使っていない。ちなみに、昭和X年は、1925＋X年であり、平成Y年は、1988＋Y年である。なお、元号採用に反対の研究者の中には、西暦で判例の所在を記す例があるが、読者が判例集でそれにあたるとき、自ら元号年を計算せねばならず、その研究者のやり方は、読者の都合を無視した身勝手なことに思える。

　この刑事事件のどこに憲法問題があるのであろうか。刑法上の問題としてはせいぜい、その息子すなわち被告人の行為は、正当防衛ではなかったか、未成年者であって刑事責任を負わないのではないかという点が考えられるが、傷害を与え死んでしまった行

為について正当防衛とはいえず、また、全く問題とされていないところをみると被告人は成年者であったらしい。すると、有罪は確実で、憲法論議をする余地はないと思うかもしれない。そこで、先に掲げた刑法205条の条文を一読したうえで、裁判所の判決をみてみよう。

●第一審判決　翌年の1月9日、福岡地方裁判所は、懲役3年、執行猶予3年という判決＊を下した。ところが、その判決理由をみると、刑法205条2項は、憲法14条1項の「法の下の平等」の原則に違反して無効であるから、刑法205条2項で処罰すべきでなく、同条1項の傷害致死罪にあたるとしているのである。その理由として、次の点が述べられている。＊＊

＊　福岡地飯塚支判昭25・1・9刑集4巻10号2070頁。これは、福岡地方裁判所飯塚支部の判決であることを示す。判決文は、最高裁判所判例集に「参照」として登載されたもの。
＊＊　最近では改善されているが、以前の判決理由は、長い文章を用いて難解な表現で書かれている場合が多かった。実際に判例を読むときは、論点ごとによく整理して、内容をまとめながら読み進めるとよい。

①憲法14条1項の「法の下の平等」の原則と、憲法の支柱である民主主義および基本的人権保障の精神に鑑みて、刑法205条2項の合憲性を考察しなければならない。

②刑法205条2項の規定は、その発生史的にみると、子に対して家長ないし保護者または権力者視された親への反逆として、主殺しと並ぶ親殺し重罰の観念に由来し、それを淳風美俗の名のもとに温存してきたものである。

③刑法205条2項の規定は、上の点から多分に封建的反民主

義的、反人権思想を基盤としており、究極的に人間として法律上の平等を主張する憲法の大精神に抵触するものである。

　④論理に照らして考えると、刑法205条の規定は、同一加害者が一般の人を傷害して死に致(いた)した場合と、加害者またはその配偶者の直系尊属を傷害して死に致した場合とを区別して、とくに後者の場合に重い刑罰を科すること、さらに、加害者が自己の直系卑属またはその配偶者を傷害して死に致した場合と、被害者と加害者とがそれと逆の場合とを区別して、後者の場合だけとくに重い刑を科することを意味しており、その結果、人命保護および科刑の面において個人を差別し、法律上不平等な結果をもたらすものである。

　⑤さらに、親子は両者の本質的愛情の意識によって結ばれるものであって、法律の規定を俟(ま)ってはじめてそうなるものでなく、刑法上傷害致死罪の処罰をする際に、個々の場合に応じて刑の量定について考慮することは別として、一般人と区別して直系尊属を保護しなければならない合理的根拠は見出せない。

　以上の５点が判決理由の要旨であるが、さて、ここまですでにいくつか検討しなければならない問題点がでている。そのもっとも中心的な問題点は、刑法205条２項の定めが憲法14条１項の「法の下の平等」の趣旨に違反するか否かということである。その答えは、はたして地方裁判所の判決が説くとおりであろうか。そのことを考えるのは、もう少し後にしよう。裁判はこれで終わったのではなく、検察は、刑事訴訟法406条、刑事訴訟規則254条１項・２項によって、高等裁判所による裁判を飛び越して、直ち

に最高裁判所に上告し、最高裁判所はそれを受理した。

*　これを跳躍上告という。また、飛躍上告とか飛越(とびこし)上告とも呼ぶ。

●**最高裁の逆転判決**　最高裁は、昭和25年10月11日の大法廷において次のような理由を述べて、原判決を破棄し、事件をもとの福岡地方裁判所に差し戻した。つまり、第一審判決とは逆の結論を下したわけである。

*　最大判昭25・10・11刑集4巻10号2037頁。

まず、前記の①から③について反論している。すなわち、憲法14条は、「人格の価値がすべての人間について平等であり、従って人種、宗教、男女の性、職業、社会的身分等の差異にもとづいて、あるいは特権を有し、あるいは特別に不利益な待遇を与えられてはならぬという大原則を示したものに外ならない。奴隷制や貴族等の特権が認められず、又新民法において、妻の無能力制、戸主の特権的地位が廃止せられたごときは、畢竟(ひっきょう)するにこの原則に基くものである。しかしながら、このことは法が、国民の基本的平等の原則の範囲内において、各人の年令、自然的素質、職業、人と人との間の特別の関係等の各事情を考慮して、道徳、正義、合目的性等の要請により適当な具体的規定をすることを妨げるものではない。刑法において尊属親に対する殺人、傷害致死等が一般の場合に比して重く罰せられているのは、法が子の親に対する道徳的義務をとくに重要視したものであり、これ道徳の要請にもとづく法による具体的規定に外ならないのである」と。

また、地裁判決の③の点に対して、「夫婦、親子、兄弟等の関係を支配する道徳は、人倫の大本、古今東西を問わず承認せられ

ているところの人類普遍の道徳原理、すなわち学説上所謂(いわゆる)自然法に属するものといわなければならない。従って立法例中普通法の国である英米を除き、尊属親に対する罪を普通の場合よりも重く処罰しているものが多数見受けられるのである。しかるに原判決が子の親に対する道徳をとくに重視する道徳を以て封建的、反民主主義的と断定したことは、これ親子の間の自然的関係を、新憲法の下において否定せられたところの、戸主を中心とする人為的、社会的な家族制度と混同したものであり、畢竟(ひっきょう)するに封建的、反民主主義的の理由を以て既存の淳風美俗(じゅんぷうびぞく)を十把一束に排斥し、所謂『浴湯と共に子供まで流してしまう』幣(へい)に陥り易い現代の風潮と同一の誤謬(ごびゅう)を犯しているものと認められるのである」と、反論している。

　さらに、「憲法14条１項の解釈よりすれば、親子の関係は、同条項において差別待遇の理由としてかかぐる、社会的身分その他のいずれの事由にも該当しない」こと、また、同条項が「原則として平等に取り扱うべきことを規定したのは、基本的権利義務に関し国民の地位を主体の立場から観念したものであり、国民がその関係する各個の法律関係においてそれぞれの対象の差に従ひ異る取扱を受けることまでも禁止する趣旨を包含するものではないのである」ことを述べつつ、「立法の主眼とするところは被害者たる尊属親を保護する点には存せずして、むしろ加害者たる卑属の背倫理性がとくに考慮に入れられ、尊属親は反射的に一層強度の保護を受けることあるものと解釈するのが相当である」と説いている。

これらに加えて、原判決の⑤の点についても、親族関係を「情状として刑の量定の際に考慮に入れて判決することもその違憲性において変りはないことになる」し、「逆にもし憲法上これを情状として考慮し得るとするならば、さらに一歩進めてこれを法規の形式において客観化することも憲法上可能であるといわなければならない」と反駁（はんばく）し、④の点については、「この種類の犯罪に関し被害者たる親族の範囲を如何に区劃（くかく）するやは、立法政策上の問題であり、各国の立法令によるも必ずしも一致していないのであり、従つて原判決がこの点を指摘して以て本条項の違憲性を認めるのは、憲法論と立法論とを混同するものである」と非難している。

　このように、最高裁は、地裁判決が示した理由のそれぞれに逐一反駁（はんばく）を加え、逆の結論、すなわち刑法205条2項が憲法14条に違反するものでないとの結論を下したのである。

●昭和25年の尊属殺人事件判決

　さて、平成7年の改正前の刑法の規定のなかには、205条2項のほかに同じように尊属親に対する犯罪行為をとくに重く罰する定めをしているものがあることをすでにみた。それらの規定についても、最高裁は、同じ判断を下し合憲の結論を維持するつもりなのであろうか。とりわけ、殺人罪については、199条とは別に200条の定めをおき、尊属を殺害した者には、死刑または無期懲役という重罰を科すことにしていた。それは、通常の殺人罪の場合には、刑の下限が3年の懲役刑であることと比べると大きな差である。実際上、心神耗弱減軽および酌量減軽の適用を受け

ると、尊属殺人罪の場合は、最低限でも3年6ケ月の懲役となるのに対して、普通殺人の場合は、9ケ月の懲役となり、さらに、刑の執行猶予も受けられるのであるから、その差は、大変なものである（刑法66条・68条・25条をみよ）。このことを問題にするのは、はたして最高裁が刑法205条2項について述べたように、立法論であって、憲法論としてはふさわしくないことであろうか。刑法200条についての憲法論は、他の同じような規定とは別に考える余地はないでろうか。

　先にみた昭和25年判決の2週間後に、最高裁は、その問題に対して次のように判決を下した。

　＊　最大判昭25・10・25刑集4巻10号2126頁。

　「刑法200条は、憲法14条に違反するものでないことは、当裁判所が昭和25年㋐第292号事件について、同年10月11日言渡した大法廷判決の趣旨に徴して、明らかである。（尤も、刑法200条が、その法定刑として『死刑又は無期懲役』のみを規定していることは、厳に失するの憾みがないではないが、これとても、犯情の如何によつては、刑法の規定に従つて刑を減軽することはできるのであつて、いかなる限度にまで減刑を認めるべきかというがごとき、所詮は、立法の当否の問題に帰するもので、これがために同条をもつて憲法に違反するものと断ずることはできない。）論旨は理由がない。」

　要するに、刑法200条は合憲であり、その理由は、刑法205条2項を合憲とした10月11日の判決の場合と同じとするものである。ただ、すでに指摘したように、両条項の間には、刑罰の重さに大

きな開きがあり、そのこととの関連で「尤（もっと）も」以下の括弧書きが付されている。最高裁は、「刑法200条が、……厳に失するの憾（うら）みがないではない」と、多少先例と同じ理由を用いることに気掛かりな気持を表現しているが、実は、そのことが後に大きな転換をもたらすこととなるのである。

●問題の核心はどこにあるか　昭和25年10月に示された二つの最高裁大法廷判決によって、次のことが明らかとなった。すなわち、殺人罪、傷害致死罪、遺棄罪、逮捕監禁罪を犯した者は、その犯罪行為が自己または配偶者の直系尊属に対するものであるとき、そうでない場合より重い刑罰を科せられ、そのような定めをしている刑法規定は、憲法14条の命じる平等原則に違反するものでないということである。いや、遺棄罪や逮捕監禁罪の規定については、確かに最高裁が同じく合憲という判断をしているかどうか判例を調べてみなければならない、という意見をもつかもしれない。調べてみることは、法律を勉強しようとする者がとるべき態度として立派である。しかし他方で、判決の趣旨を理解して、他の規定にどのような意味をもたらすかを考えておくことも重要である。

　すでに確認したように、尊属に対する殺人罪の規定は、尊属に対する傷害致死罪の規定に比べて、刑罰の点で大きな違いが認められる。にもかかわらず、最高裁は、尊属傷害致死罪の規定を合憲とした理由を踏襲したのである。したがって、尊属傷害致死罪の規定と大差がない尊属遺棄、尊属逮捕監禁の規定を違憲とする理由は、論理上出てこないことになる。それゆえ、あえて判例を

調べるまでもなく、他の二つの規定についても合憲となるはずだと結論してよい。

そこで、被害者が尊属である場合とそうでない場合とを区別して、前者について重い刑罰を科す刑法規定のなかで、まず、刑法200条のいわゆる尊属殺重罰規定の合憲性を問題の中心に据えて考えることが重要である。最高裁は、先例の理由を踏襲して簡単な判決を下したが、その意味を先例の理由付けにてらして再確認することにしよう。それによって、法律のある規定について、合憲か違憲かを議論する一つの具体例を理解できるはずである。

●平等原則の意味　まず、憲法14条1項の「法の下の平等」の原則が何を命じているのかということを理解しておかなければならない。その条項は、「すべて国民は、法の下に平等であって、人種、信条、性別、社会的身分又は門地により、政治的、経済的、又は社会的関係において、差別されない」とうたっている。この規定をめぐる解釈論の詳細は、憲法の教科書の該当個所をみてもらうことにして、ここでは、前記の最高裁大法廷が述べたところに沿って考察していこう。

最高裁判決によると、憲法14条は、「人格の価値がすべての人間について平等であり、従って人種、宗教、男女の性、職業、社会的身分等の差異にもとづいて、あるいは特権を有し、あるいは特別に不利益な待遇を与えられてはならぬという大原則を示したものに外ならない」と説明されている。この原則に従って、日本国憲法の成立時に、明治憲法のもとで存在した華族制度、妻の無能力制、戸主の特権的地位などが廃止されたわけである。しかし、

この平等原則は、国民のあらゆる法的な関係についてすべて平等でなければならないことを求めているわけではない。そのことを、最高裁は、「法が、国民の基本的平等の原則の範囲内において、各人の年令、自然的素質、職業、人と人との間の特別の関係等の各事情を考慮して、道徳、正義、合目的性等の要請により適当な具体的規定をすることを妨げるものではない」という表現で説いている。つまり、要約していえば、合理的な根拠があれば、法が人を異なった取扱いをしても、平等原則に違反するものでないということである。
　確かに、法は、一定の人を他の人とは区別して、権利や利益を与えたり、不利益を課したりしている。一定年齢に達すると選挙権を得たり、車の運転免許を取得できること、一定水準以下の所得の家族層には生活保護の支給がなされること、所得額に応じて納めるべき税金の額が異なることなど、われわれの日常生活のなかでいくらでも、法が人に異なった扱いをしている例をみることができる。憲法14条がそれらの法の扱いをすべて不平等なものとして禁じているわけではないことは、容易に考えつくことである。したがって、平等原則は、法が合理的でない差別的扱いをすることを禁じているのであり、合理的な差別については認めているのだという趣旨の判決の説明は、決して誤りではないといってよい。いや、まってくれ、「合理的な差別」ということばはおかしいのではないか、という疑問をもつ人がいるかもしれない。差別をしてはならないと憲法14条はいっているのであり、法による差別が生じているのなら、それは結局合理的な根拠がないことと同じで

あり、「合理的な差別」などということは矛盾した表現ではないか、と。しかし、その疑問は、差別はいけないこと、してはならないことという価値判断を加えているからではないだろうか。差別ということばは、区別、分類、類別といったことばと同じ意味であり、「合理的な差別」というときの「差別」には価値判断がこめられていない。すくなくとも、憲法学上の用語の使い方では、従来からそういう言い方をしてきており、そういう意味だと理解してほしい。

* 最高裁判所から下級裁判所まで、裁判所は、最近では、判決理由において、「差別」ではなく「区別」を用いるようになっている。

そこで、この憲法の命ずる平等原則の意味を刑法200条にあてはめてみて、はたしてその法律の規定に合理的な根拠があるのか、つまり合理的な差別といえるかどうか、ということを検討する必要が出てくる。

●尊属殺重罰規定の法目的　刑法200条のいわゆる尊属殺重罰規定が、憲法14条のみとめる合理的な差別的扱いの範囲内にあるかどうかを判断するためには、そもそもその規定の目的、すなわち、法目的は何かということを考えなくてはならない。

この法目的について、最高裁判決は、「法が子の親に対する道徳的義務をとくに重要視したものであり、これ道徳の要請にもとづく法による具体的規定に外ならないのである」とか、「立法の主眼とするところは被害者たる尊属親を保護する点には存せずして、むしろ加害者たる卑属の背倫理性がとくに考慮に入れられ

〔ている〕」と説いている。つまり、子の親に対する道徳義務が社会には存在するのであり、それに違反した場合に刑法は刑罰を科すことによって、社会における道徳、倫理を維持しようとしている、それが刑法200条の法目的だと説明しているのである。

　刑法の刑罰規定が、このように社会にみられる道徳や倫理を反映させていることについては、よく知られているとおりである。人を殺してはならぬ、人のものを盗んではならぬ、といった道徳・倫理は、殺人罪、窃盗罪の規定としてあらわれている。したがって、子の親に対する道徳義務を刑罰規定の対象として取り込むこと自体が直ちに間違いだとはいえない。最高裁とは反対の結論を示した地裁判決も、この法目的の認定については、最高裁判決と正面から対立しているわけではない。見解が異なっているのは、その法目的の性格についてである。すなわち、地裁判決は、その法目的には、封建的、反民主主義的な性格が認められるとしたのに対して、最高裁判決は、決してそのような性格のものではないとしているのである。最高裁は、それについて、「夫婦、親子、兄弟等の関係を支配する道徳は、人倫の大本、古今東西を問わず承認せられているところの人類普遍の道徳原理、すなわち学説上所謂自然法に属するものといわなければならない」と、語っている。＊

　　＊　ここには、道徳と法との関係、また、自然法とは何か、といった、法学における基本的問題が存在している。

　このように、刑法200条の法目的には、封建的、反民主主義的な性格が認められるという判断と、そうではなくて人類不偏の道

徳原理が認められるという判断との対立が地裁と最高裁との間にみられ、そのことが、合理的な差別であるか否かの判定を左右しているのである。

●**立法者意思と解釈論**　さて、読者は、最高裁の結論に賛同するか、地裁判決の結論の方に与するか自己の見解を決めてもらいたい。その際、これまでにみたところに加えて、次の二つのアプローチも考慮に入れる必要がある。

その一つは、立法目的を判定するときに、立法者はどのような意図（これを立法者意思という）で当該規定を制定したかということをみることである。刑法200条は、刑法が制定された明治40年（1907年）から存在し、日本国憲法の制定に伴って、その人権保障思想に反する刑法規定を削除した過程で、論議の対象とされつつも残されたものである。それについては、はじめにみた尊属傷害致死事件において、検察、被告人の両当事者ともが、それぞれの上告趣意、答弁書において言及している。すなわち、検察側は、「……直系尊属関係というが如きものは、……謂わば一般的の事柄である、特殊の事項ではない。従ってそれは刑法において皇室に対する罪が廃止され、姦通の規定が抹殺されるに至ったのと趣を異にする。前者の場合は、特に『天皇』とか『皇室』とかの特殊な身分により、又後者の場合は、男女の性別により、刑法上その待遇を異にすることが不可とせられたによるからである。さればこそ昭和22年の刑法一部改正案の立法当時、当局者が国会において為した答弁とても、かの尊属殺の規定の如きは『特定の尊属を厚く保護するものではなく、何人と雖も尊属一般についての規

定であるから、違憲ではない』旨を明言したのであった」と。これに対して、被告人の弁護人による答弁書においては、「刑法205条第2項は第200条218条第2項と共に昭和22年刑法の一部改正に当り審議不充分のためとり残された盲腸的存在である。しかも天皇に対する大逆罪が廃止されたからその権衡（けんこう）上も当然失効していると解するべきである」と主張されている。

　どちらの主張が正しいのか、当時の議会における審議録を調べてみなければならない。ただし、結果として、尊属に対する罪の規定が廃止されることなく刑法に残されたことは、当時の議会の意思が、それらの規定は、憲法14条に違反しないと判断したからだと推測することもできる。しかし、そうだからといって、裁判所は、議会の意思とは別個に独自に合憲、違憲の判断をすることはできるのである。この裁判所による司法審査権行使の意味については、後にまた触れることにしよう。

　立法者意思が法の解釈を決定づける唯一の要素であるわけではない。立法者意思とは別に（しばしば立法者意思が何か判定できないことがある）、法の規定の文言からその意味を読み取ることも重要である。これを文理解釈という。

　そこで、地裁判決の④の理由を思い起こしてほしい。そこでは、「論理に照らして考えると」、刑法205条の規定は、不合理な差別を生じさせ、不平等な結果をもたらしていると論じられている。また、尊属傷害致死事件の最高裁判決において、二人の裁判官は、違憲の結論をとり、少数意見を述べているが、その一人、真野毅裁判官が憲法14条違反だとする理由の一つは、文理解釈の例とし

て参考になる。それによると、ABCをそれぞれ直系尊属とし、A'B'C'をそれぞれ直系卑属として、刑法205条の規定が差別待遇をしていることを図を用いて明らかにしている（それは、刑法200条や同様の規定についてもあてはまる）。

(第1図)

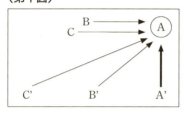

(第2図)

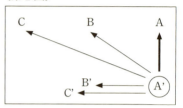

この図を示して、彼は次のように結論している。

「第1図においては、被害者Aを中心として観察したものであるが、Aがその直系卑属A'から傷害致死をうけた場合には、BB'CC'その他から傷害致死をうけた場合と区別せられA'のみが特別の重刑を科せられる。言いかえれば、AはA'との関係においてのみより厚い保護を受ける。これが不平等にあらずして何ぞや。また、第2図においては、加害者A'を中心として観察したのであるが、A'がその直系尊属Aに傷害致死を与えた場合には、BB'CC'その他に傷害致死を与えた場合と区別せられ、特に重い刑を科せられる。これまた不平等にあらずして何ぞや。……人格平等、個人平等等の基本思想従つて法の下における平等の憲法原則に違反するものであることは、むしろ明々白々である。」

最高裁の多数意見は、これら立法者意思や文理解釈上の問題点について十分答えているだろうか。最高裁判決に反対の見解をと

ろうとする者は、その点を突いていくことができるであろう。

●道徳と価値観　これまでの叙述に付き合ってきた読者のなかには、いまだ相対立する二つの結論のどちらに与するのがよいか決めかねている者がいるかもしれない。あるいは、刑法200条の法意に憲法14条の趣旨をあてはめて、合理的であるとか不合理であるとか断定する決め手はいったい何か、疑問を抱いている者もいるだろう。実は、憲法事件の解決には、そのところが重要な意味をもち、また、特色をもっともよく発揮するのである。

　尊属に対して犯罪行為をなした者をとくに重く罰することが合理的な差別であるか否かの決め手をみつけようとして、憲法14条の文言をいくら睨んでみても、何も出てこない。われわれは、同条のなかにどのような価値が込められているのかを読み取らなければならないのである。それは、「法の下の平等」という原則が、近代憲法のなかにどのような思想を背景として取り込まれたのかということの探求にはじまり、今日の社会でどのような意義をもっているかということの考察を必要とする。たとえば、その考察の結果、その原則は、民主主義の基調をなすものであり、法がいっさいの人格を平等に扱うことを命じているのだと理解することもできる。

　このような理解を共通にする者の間でも、子の親に対する道徳義務を刑罰規定に取り込むことについては、見解が分かれるであろう。その道徳規範は社会における人々の自律性に委ねるべきで、刑罰規定に取り込めば人格の平等が損なわれると考える立場、そ

の道徳規範自体に、封建社会を支配した儒教精神や明治国家の支柱であった天皇制の政治イデオロギーを見出し、個人の人間性を否定する反民主主義的なものと主張する立場、最高裁判決のように封建思想とは切り離した人類普遍の道徳原理としてみることにより、人格平等の原理の許容する範囲にあるとする立場などがそれである。すると、どうも合理的か否かの決め手は、その判断者のもつ価値観とか世界観によって左右されることになりそうである。昭和25年の最高裁判決は、最高裁判所を構成する裁判官の価値観のあらわれであるといえそうである。

　確かに、憲法事件については、裁判官のもつ思想、価値観、世界観といったものが働くことが多いといえる。ただし、裁判官個人の価値観で憲法判断が大きく支配されるのだとの過大な認識をしてはならない。裁判官の役割は、公正な裁判を行うことであり、社会に説得力をもつ判決を下さなければならない。ここのところをよくよく考察しなければならないのであり、その考察のために尊属傷害致死事件、尊属殺重罰規定に対する判決例をとりあげたわけである。

●問題の展開　憲法事件の裁判を理解するためには、これまでに述べたように、憲法問題に対して裁判所や裁判官は、どのような対応をし、また、どのような対応をしなければならないのかということにも関心を向ける必要がある。そこで、章をあらためて、最高裁判所の仕組みや役割、最高裁裁判官とはどういう人達なのかということについて語ることにしよう。

　なお、尊属殺重罰規定をめぐる裁判は、昭和25年の判決で決着

がついたわけでなく、むしろその判決が出発点となって問題の展開をみせたのである。どのような展開をみせたのか。それが気掛かりな読者のために、簡単な要約だけをしておこう。すなわち、その後、いくつかの同種の事件が最高裁に持ち込まれたが、しばらくの間、最高裁は、昭和25年の先例に基づく判断を繰り返した。しかし、昭和48年になると、最高裁大法廷は、刑法200条が憲法14条に違反し、無効であると判決した。どういう理由で、何故、そのような結論になったのか。その判決は、どのような影響をもたらしたのか。さらに、今日の刑法にはその規定が存在していないが、なぜそうなったのか。——これらの考察に入る前に、最高裁判所とそれを構成する裁判官について、知っておかなければならないことがある。

第5章　最高裁判所と裁判官

●最高裁判所の庁舎　　国会議事堂の外観については、教科書、新聞、テレビに登場することも多く、知らない人はないといってよいくらいであるのに対して、最高裁判所の建物がどのような姿をしているかについては、見たことのない人の方が多く、関心が向けられることはあまりないと思われる。国会で行われることが、議事堂のイメージとともに注目されるのならば、最高裁判所が行うことを、その庁舎の外観と結びつけて印象づけてみるのもよいであろう。

　皇居のお濠端にある現在の最高裁判所の庁舎は、1974年5月23日に霞が関から移ってきたもので、日本国憲法の誕生以前から存在している国会議事堂と比べればかなり新しい。次頁の写真をみてもわかるように、モダーンな感じがする。

　霞が関にあった赤レンガ造りの旧庁舎を知る人の目には、現代感覚がよくあらわれていると映るかもしれない。花崗岩で包まれた偉容は、全国に八つある高等裁判所、都道府県ごとにおかれている地方裁判所およびその下にある家庭裁判所、簡易裁判所など、日本の裁判所組織の頂点に立つ最高裁判所の姿にふさわしいという人もいる。いや、そこを訪れて、あまりのいかめしさ、城を思わせる頑強さ、冷たさを感じ、裁判所というより刑務所のようだと酷評する人もいる。確かに、隣の国立劇場が、校倉造りにならった日本の文化の伝統を反映するものとして親近感を覚えるのに

〈現庁舎〉

〈旧庁舎〉

(いずれも最高裁提供)

対して、この最高裁判所の庁舎の前に立った者が誰しも、ちょっと中に入って見物しようなどという気持をもちそうもないほど、人を寄せつけない感じを与えているようだ。あるいは、国会議事堂だって、まわりに高い鉄の柵がめぐらされていて、人々が気軽に入っていけないようにしてあるのだから、そのようなことは大差ないともいえる。

　最高裁判所の庁舎の姿は、このようにいろいろな風評を呼んでいるが、最高裁が司法権を代表し、裁判権の最終的行使者であること、とりわけ、憲法の番人としての役割を果たしていることな

ど、その存在の重要さを印象づけるものである。最高裁がこれまで行ってきたことはともかく、これから行うこと次第で、おそらくその建物の印象は、国民の間に親しみのあるものへと発展するであろう。
*

> *　最高裁判所は、現在では、国民になるべくなじみのある存在となるよう努めているようだ。最高裁判所のホームページに入って「**最高裁判所の庁舎見学**」の箇所をクリックすると、中を見学する方法がすぐ分かるようになっている。それに従って、庁舎を見学するよう読者に勧める。

●**最高裁判所の役割**　最高裁判所の主要な役割は、上告審としての裁判を行うことである。つまり、下級裁判所の下した判断について審理するのであり、第一審として審理し、判決することはない。ある事件・紛争の解決を求めて直接最高裁に出訴しても、最高裁は受け入れてくれないのである。この受け入れてくれないということを法的な表現でいえば、最高裁は、実体判断をせず、訴訟手続上不適法だとして訴えを却下してしまう、ということである。

このように、最高裁判所には下級裁判所とは異なる裁判上の役割が与えられているのは、最高裁が憲法およびその他の法令の解釈の統一や、判例の統一を行うことを使命とすることになっているからである。われわれは、その具体例を前章においてみたのであった。もっとも、民事事件については、高等裁判所が上告裁判所となる場合があるが、その場合でも判例の統一を図る必要があるときは、最高裁判所に事件を移送することになっている。

最高裁にもたらされたすべての事件が最高裁による最終的判断を受けるわけではない。われわれがすでにみた昭和25年の大法廷

判決のように、原判決を破棄したうえで元の裁判所（これを原裁判所という）に差し戻すことがある。破棄差戻判決をするのは、最高裁が示した憲法、その他の法令の解釈に基づいて、事実関係を再度調べ直して判決する必要があるときが典型例であり、それは、最高裁が事実審の役割をもたないからである。すると、昭和25年の尊属傷害致死事件の最高裁判決については、最高裁の憲法判断との関係で事実問題が左右されることはないのだから、差し戻す必要はなかったのでないかという疑問がわく。事実、その判決における斎藤裁判官は、破棄自判をすべきであると反対意見を述べている。このことは、事実問題をもう一度審理することのほかにも、最高裁の裁量的判断により、差し戻されることもあることを示している。

* 事実審に対する語は、法律審である。事実審とは、法律問題と事実問題をあわせて審理する審級のことをいい、法律審とは、事実審のした裁判についてその法令違背の有無だけを審理する審級のことを指す。最高裁判所は、法律審の役割を基本としているが、刑事訴訟について、事実の審査をする場合もある。

　最高裁の段階で事件の片が付く場合として、破棄自判と上告棄却とがある。前者の例を、次の章のはじめに言及する大法廷判決にみるし、後者の例として、すでにみた昭和25年の尊属殺事件判決が該当する。これらの場合には、例外としてしか認められない再審によるほか、国家のいかなる裁判所も再度同じ事件をとりあげてはくれず、裁判は確定する。

　このような裁判にかかわる役割のほかに、最高裁判所は、司法行政事務や立法の作用をも行う。ことに、下級裁判所の裁判官の任命については、「最高裁判所の指名した者の名簿によつて、内

閣でこれを任命する」(憲法80条1項)ことになっているから、最高裁の人事権は強大である。
*

* 下級裁判所の裁判官の指名名簿は、2003（平成15）年から、民間人も交えた下級裁判所裁判官指名諮問委員会の答申を尊重して最高裁判所が作成するようになっている。

●憲法の番人　最高裁判所の役割のなかで、憲法学上とりわけ注目しなければならないことは、最高裁が司法審査権を有し、その最終的行使者であることである。その権限が、憲法81条の「最高裁判所は、一切の法律、命令、規則又は処分が憲法に適合するかしないかを決定する権限を有する終審裁判所である」との定めに基づくものであることは、本書の読者なら知っているはずである。また、われわれは、前章で、原審の福岡地方裁判所も最高裁判所の大法廷もこの権限を行使して、刑法の規定が違憲であるとか合憲であるとか判断したことをみたから、司法審査権が、実際にどのように行使されるのかということの一端を知ったはずである。そして、ここで改めて確認しておきたいのは、刑法205条2項や200条について、下級裁判所が違憲と判断しても、最高裁が合憲と判断したならば、それが最終の憲法判断であって、少なくとも当該事件との関係では国家のいかなる機関といえどもそれに反する解釈をして行為することはできないということである。それは、最高裁の違憲判断についても同じである。つまり、立法・行政機関がなす行為が憲法に適合するか否かの判断は、最高裁判所の判断をもって最終的に正当とするということであり、その意味で、最高裁判所は、「憲法の番人」と呼ばれるのである。

* 私は、「司法審査権」と呼ぶのが適当と思うが、他に、この権限は、「違憲立法審査権」、「違憲審査権」、「法令審査権」などとも呼ばれる。単に呼び方の違いにとどまるならともかく、論者によっては、どの語を使うかで論調が異なる場合があるから注意せねばならない。

ところで、憲法81条の意味や、司法審査権の性格について、このような理解だけで済ますことを許さないいろいろな問題が存在する。われわれがすでにみた判決例を基礎にして、その主要な問題を指摘してみよう。

まず、違憲の法律についての争い方の問題がある。われわれがみた実例は、刑事事件であり、犯罪を行ったとされる者が法廷の場に強制的に引き出されるのであるから、自ら訴えを起こすのではない。自己の意思とは無関係に訴訟の当事者となった被告人は、自己の権利や利益を守るために、刑法の規定が違憲で無効であると主張するのである。これに対して、私人間の争い（私人間訴訟という）において、そこに適用される法律の規定を憲法違反だとか、相手方の行為が憲法違反だと主張することができるのか。あるいは、行政機関が行った行為により不利益を受けた者が、その行為を基礎づける法律の規定を違憲・無効であるとか、その行為そのものが違憲・無効と主張して、被った不利益について法的な救済を得ようとするときはどうか。さらに、個人の権利や利益の救済とは無関係に、国会の制定した法律や行政機関の行為について一般論としてそもそも憲法の命ずるところに違反しているとして、裁判所に訴えることができるのかという問題もある。このように、違憲だと思われる法律について裁判所で争う場合は、いろいろ考えられ、われわれがみた実例は、その一端にすぎないこと

第5章　最高裁判所と裁判官

がわかる。ここでは、そのことを知ってもらえばよく、それらの問題の考察は、後の第III部で行うことにする。

次に、もし、違憲との結論が下されたら、当該法律の規定はどうなるのかという問題がある。昭和25年の最高裁大法廷は、合憲の結論を下したが、もし、逆に、刑法200条は違憲であると判決したとき、その規定は、その事件の被告人に対してだけでなく、同じように尊属を殺害した被告人すべてに対して一律に無効の効果が及ぶのであろうか。つまり、最高裁の判決と同時に、その規定の法的効力はなくなって、違憲判決がちょうど国会でその規定を廃止する立法をしたのと同じことになるのであろうか。この問題については、次の章でふれることにする。

さらに、なぜ、最高裁の憲法判断を最終的かつ正当なものとできるのであろうか、という問題も是非考えてみなければならない。これは、司法審査の制度を支える原理や思想は何か、ということの考察である。その考察をおしすすめていきながら、すでにみた最高裁大法廷判決における裁判官の意見を再度分析してみるとよい。尊属に対する犯罪行為について重い刑罰を科す刑法の規定が憲法14条に違反しないとする結論が、何故正当性をもつのか。その問いに対する追究は、憲法を守ること、すなわち、憲法保障ということの根源にかかわる問題を考えることである。

●**最高裁判所の裁判官**　さて、お濠端の最高裁判所の建物に戻ることにしよう。建物に沿って交通頻繁な広い道路があり、そこは一日中夥しい数の車が走っているが、その道路を渡ると皇居のお濠が水をたたえ、その対岸の石垣の上

は鬱蒼とした木々の森となっている。裁判官の各部屋は、二十畳はゆうにある広さで、大きな窓はその下を走る喧噪の道路をみることなく、皇居の深い緑のみが目に入るようにできている。裁判官は、その部屋で、つぎつぎと持ち込まれる大量の訴訟資料に静かに目を通す毎日を送っているわけである。各部屋には、トイレもあり、裁判官専用の食堂や談話室があるわけでないので、昼食もそこでとることにすれば、一日中ほとんど人と接することなく過ごすことになりかねない。アメリカ合衆国の最高裁裁判官が、昼休み時に、何人かつれあって街中のレストランに食事に行くことがあるのと比べると、孤独な毎日である。しかし、15人の裁判官は、心のしっかりした、独立した人達であり、そのような境遇をものともしない。裁判官は、組織された集団ではなく、行政機関の役人のように上下服従の関係はない。それぞれ独立して、自らの考えに基づいてその職務を果たすことになっている。憲法も、とくに裁判官の独立についてうたっている。「すべて裁判官は、その良心に従ひ独立してその職権を行ひ、この憲法及び法律にのみ拘束される」(76条3項)と。もっとも、このことは、最高裁裁判官だけでなく、すべての裁判官についてあてはまることであるが。

* 最高裁裁判官がどのような生活を送っているかについて、伊藤正己『裁判官と学者の間』(1993年・有斐閣)の「2 裁判官の生活」(7〜21頁)で語られている。また、上記の描写は、私が伊藤裁判官ほかの裁判官室を訪ねたときの体験に基づいている。また、藤田宙靖『最高裁回顧録──学者判事の七年半』(2012年・有斐閣)も、藤田裁判官の最高裁判所を主舞台とした生活の様子がよく描かれている。

裁判官同士が顔を合わせるのは、毎週決められた日に開かれる評議のときや、何かの会議のときである。そのほかで、お互いがどのような接触をしているのかは、知られていない。最高裁判所は、あまり内部のことを明らかにしないように大変な注意をしているようだ。そのようなところからも、最高裁には、冷たいとのイメージが生まれている。ただし、三人から五人で構成される小法廷の裁判官の間では、お互いによく顔を合わせ、議論しあう機会も多く、人間的触れ合いが生まれるようだ。*

* たとえば、団藤重光元最高裁裁判官の回顧に、そのことが触れられている。「団藤重光先生に聞く――わが心の旅路――〔第4回・完〕」法学教室60号12頁（1985年）をみよ。

　われわれが最高裁裁判官のことを知る機会はまことに少ないのであるが、ただ、判決理由のなかに、各裁判官がどのような意見であるかが示されており、それによって、各裁判官がどのような考え方をする人なのか知ることができる。これは、裁判所法の11条が、「裁判書には、各裁判官の意見を表示しなければならない」と定めるところによるものであるが、それは、最高裁の裁判に対してだけ求められている。この制度は、すでにみたように、最高裁が憲法の番人として重要な役割を果たすことに基づいている。もっとも、各裁判官の意見の表示といっても、それは、補足意見、意見、反対意見についてであって、多数意見については誰が執筆したのか明示されていない。その点が不十分であり、さらに下級裁判所の裁判についても、同じようにすべきとの主張がある。なお、最高裁裁判官については、国民審査の制度があり、裁判書に

あらわれた各裁判官の見解は、国民が裁判官を罷免すべきか否か投票するときの資料にすることができる。実際には、一般国民にとってそのような判断をする余裕もないし、内容が難しい法律問題だから判断しかねることだともいえる。

最高裁判所は、後に説明するように、15人からなる大法廷、または、三人ないし五人からなる小法廷で裁判を行う合議体である。判決は、その合議体の到達した結論である。しかし、すでにみたように、各裁判官は、独立して判断し、場合によっては個別の意見を表示することになっているのであるから、もちこまれたどの事件についても各裁判官は訴訟資料に目を通し自己の判断を決めなければならない。自分の得意な分野だけを分担して処理することは許されないのである。最高裁に来る事件数は、平均して年間6000件余ほどであり、一つの小法廷は、毎年千数百件もの事件を処理している。中には、大変な論議を呼び、社会で注目される憲法事件のように、当事者が提出した分厚い上告趣意書や答弁書だけでなく、最高裁判所調査官の用意した学術書や学術論文のコピーにまで目をとおさなければならない。したがって、最高裁判官という職は、わが国の公務員のうち、もっとも忙しく、かつ大変な能力とさらに体力も必要とされるものである。

●最高裁裁判官の人選

最高裁裁判官がどのようにして任命されるかについては、憲法が定めている。すなわち、最高裁判所長官については、内閣の指名に基づいて天皇が任命し（憲法6条2項）、その他の裁判官（正式には、最高裁判所判事という）については、内閣が任命する（同79条1項）。天皇の

任命行為は、形式的なものであるから、最高裁裁判官の人選については、内閣の意向が実質的な働きをするということができる。ただ、全く内閣の独断的な判断や政治的な考慮によって人選が進められるわけではなく、次のような要因が働いているのである。

まず、法律上、任命資格が定められている。裁判所法41条1項によると、最高裁裁判官は、識見の高い、法律の素養のある40歳以上の者でなければならない。この資格要件は、それほど厳しい要件とはいえず、任命権者の見識に大きく依存するものである。ただ、この規定では、それに加えて、15人の裁判官のうち少なくとも10人は、下級裁判所の裁判官、検察官、弁護士、さらに法律学の教授または准教授の職を一定年数務めた者であることをも要求している。このような定めから、五人までは、いわゆる法律の専門家でない人が最高裁裁判官に任命される余地があることになる。それは、下級裁判所の裁判官の任命資格にはみられない特色である。実際に、外交官を務めた人や内閣法制局長官を務めた人が任命された例をみることができる。もっとも、法制局長官は、法律の専門家だといった方がよいかもしれないが、裁判所法が要求する「少なくとも10人」のなかには入らない。この特色は、やはり、最高裁が憲法の番人の役割を果たすことになっており、その憲法判断に、法律の専門家とは異なる憲法感覚を反映できるようにするという意図が働いている。

次に、慣行上の配慮がある。それは、最高裁判所の発足時から生まれたものであり、裁判官、弁護士、学識経験者の三つの出身母体から五人ずつ選ぶという方法である。ここにも、なるべく憲

法感覚が偏らないようにする配慮がなされている。ただし、この配分が厳格に守られているわけではなく、また、学識経験者のなかには、検察官出身の者を含めており、全体として法律の実務経験者の数が多数を占めている。

　これら法律上の任命資格要件と慣行上の配慮において、多様な憲法感覚をもった者で最高裁裁判官が構成されることが意図されているのだが、実際にはそれがよく生かされていないとの問題の指摘がなされることもある。＊

> ＊　野村二郎『最高裁全裁判官——人と判決』（1986年・三省堂）は、近年については無理だが、どのような人物が最高裁裁判官になったのかを知ることができる書。

　その問題の一つは、最高裁裁判官の年齢が高いことである。最高裁発足時は、50歳代の人が何人かいた。40歳代の人が任命された例はないが、1952年に入江俊郎裁判官が任命された時、彼は、51歳であり、それがもっとも若い例である。しかし、最近では、60歳を過ぎた人ばかりが任命されるようになっており、平均年齢は、60歳代の半ばを超えている。法律実務家から任命される場合は、年功序列方式が踏まれているとみることができ、＊その傾向は、社会において若手抜擢をする最近の企業の人事の動向と対照的であるし、国会や内閣の年齢構成と対比させても、特異な状態である。このことが、憲法問題に対する判断に何かしら影響を及ぼしているのかもしれない。

> ＊　弁護士出身の最高裁裁判官について、かつてはその傾向がみられたが、現在では、日本弁護士連合会内で、優れた人を推薦する制度が運用されるようになり、そのことが裁判官の個別意見に反映されている。

なお、従来、最高裁裁判官はすべて男性であったが、2001年12月19日の横尾和子裁判官の任命につづき、現在では、三つの小法廷すべてに女性裁判官が就任しており、これは、最高裁裁判官の人選の歴史で、大きな変化だということができる。

●昭和25年判決当時の裁判官　　裁判官の人選について、やや、一般的な説明をしたので、ここでわれわれがみた昭和25年10月の大法廷判決は、どのような裁判官の構成であったのかを示しておこう。

　個別意見を示したのは、三人の裁判官であった。その一人、真野毅裁判官は、弁護士出身で、1947年8月4日に三淵忠彦長官はじめ15人が最初の最高裁裁判官として任命された時の一人である。昭和25年10月の判決時には62歳であった。明治憲法時代に弁護士として活躍中も、リベラルな思想の持主であり、それは、その大法廷判決における反対意見にもあらわれている。また、死刑は合憲であるとする昭和23年の大法廷判決の冒頭が、「人の生命は尊貴である。一人の生命は、全地球よりも重い」との書き出しとなっているのは、有名であるが、その判決文は、真野裁判官の執筆によるものであるという。*

　　＊　真野毅編著『裁判と現代』（1964年・日本評論社）5頁。

　もう一人の反対意見者は、穂積重遠裁判官である。彼は、東京大学法学部の民法学担当教授を退官した後、1949年2月に任命され、その判決時に67歳であり、在職中に没したので、最高裁裁判官としては2年5ケ月しか務めていない。民法学の大家らしさがその反対意見によくあらわれているし、その多くの著書から彼の

法的な考え方を知ることができる。*

*　ここでは、穂積重遠『有閑法学』(1960年・一粒社)と同『続有閑法学』(1961年・一粒社)の法学エッセイ集をあげておく。

さて、斎藤悠輔裁判官は、その判決では、補足意見(事件の取扱いについてはすでに指摘したように反対意見)を書いているが、彼も、最高裁発足時の裁判官であり、その判決時には58歳であった。最高裁に就任する前は、裁判官や大阪控訴院検事長の職にあった。注目したいのは、その補足意見のなかで、強い調子と個性あることばで刑法205条2項が合憲であることを説いていることである。ここでその一節を引用しておく。

「元来孝は、祖先尊重に通ずる子孫の道である。これをわが国においてのみ観るも曾つて生存したわれらが祖先は少なくとも十数億を下らず、現存する子孫は僅か八千余万に過ぎない。そして、われらの使用する一言半句その道具である口唇、さては我、汝自身でさへ祖先の遺産であることを三思すべきである。原判決並びに少数意見の思想のごときは、この道義を解せず、たゞ徒に新奇を逐う思い上がつた忘恩の思想というべく徹底的に排撃しなければならない。」

他にも、このような論調の箇所をいくつかみることができるので、興味ある人は、判例集にあたって読んでみるとよい。

さて、他の多数意見を構成する12人の裁判官について全部このような紹介をするのは繁雑になるだけなので、次のような指摘をするにとどめる。

まず、その当時の最高裁判所長官、田中耕太郎裁判官について

は、触れておかなければならない。この2代目長官は、商法学教授として東大法学部で教え、『世界法の理論』(1948年・岩波書店) という幅広い学問的見識を表した名著を残し、退官後、第一次吉田茂内閣のもとで文部大臣を務め、長官に就任する前は、参議院議員であった。カトリック教徒であり、強い反共思想の持主であった彼を最高裁長官に抜擢したのは、吉田首相であり、それは、当時の内外の政治情勢を十分考慮してのことであったといわれている。彼は、1950年から10年間その地位にあったが、その昭和25年判決は、就任して7ケ月を経たばかりのときである。多数意見を構成するのにその強いリーダーシップを発揮したであろうことは、想像に難くない。

　その他の構成は、明治憲法のもとでの大審院裁判官であった者が二人、控訴院の裁判官であった者が二人、行政裁判所の裁判官であった者が一人、弁護士出身が四人、外交官、大学教授出身がそれぞれ一人であった。

　これだけのことから、昭和25年の大法廷判決が登場した背景を説明することは適切ではない。しかし、明治憲法時代からの法律実務家が多数をしめていること、日本国憲法が制定されたといえ、その判決時にはまだ3年しか経ていないこと、したがって、旧憲法時代からの法意識が実務家のみならず社会においても継続していたことなどを考慮に入れれば、日本国憲法の人権保障の精神を正面から論じて、尊属に対する罪の規定を違憲と断定する意見を展開できるような状況ではなかったと推測してもおかしくないといえそうだ。

〈大法廷〉

〈小法廷〉

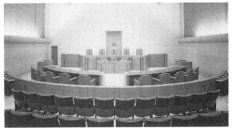

(いずれも最高裁提供)

●大法廷と小法廷　前章でわれわれがみた昭和25年の最高裁判決は、15人の裁判官による判決であった。そのように、最高裁裁判官全員で構成される法廷を大法廷という。すべての事件がこの大法廷による審理と判決をうけるのではない。事件の性質に応じた能率のよい処理をするため、三つの小法廷が設けられている。それらは、第一小法廷、第二小法廷、第三小法廷と呼ばれる。15人の裁判官は、それらの一つに所属している。したがって、各小法廷は、五人の裁判官からなるわけであるが、欠員ができたとき、三人以上の裁判官がそろっていないと、審理

や判決を行うことができない。また、企業や官庁のように、配置転換などということは行われず、一人の裁判官は、やめるまで同じ小法廷に属している。先にみた人選方法との関係や長年の慣行から、それぞれの小法廷の間に多少の性格の違いが生じたり、それぞれの特徴といったものがみられるのではないかとの興味がわいてもおかしくない。事実、そのようなことを耳にすることがある。ある小法廷は、伝統的に論客がいて、合議の際に相当時間をかけ、他の小法廷の裁判官が帰ったのちも部屋の電気がついていることが多い。そのことが、判決文にもあらわれており、少数意見が付される度合も多いといったことが言われたりする。ただ、そのような小法廷間の特色を実証的に検討した本格的研究は存在しない。

* ただし、長官が所属する小法廷では、長官はほとんど審理に加わらないので、四人の裁判官が裁判を行う。

さて、すべての事件がまず小法廷に送られる。どの事件をどの小法廷にあてるかについて、特別の選択がなされるわけでなく、受理した順に機械的に振り分けられる。だから、当事者が特定の小法廷やある裁判官の判断を是非受けたいと願っても、その願いがかなえられるかどうかわからない。

小法廷で審理をはじめて、裁判所法10条が定める次の三つの場合のどれかに該当することが明らかになったとき、事件は大法廷に送られる。すなわち、第一に、当事者の主張に基づいて、法律、命令、規則または処分が憲法に適合するかしないかを判断するときである。すでにわれわれが前章でみた昭和25年の大法廷判決は、

これに該当するわけである。しかし、合憲性の判断を下すといっても、過去の大法廷判決が示した合憲の結論を踏襲するだけのときは、小法廷で処理してよいことになっている。だから、昭和25年以降、刑法205条2項や刑法200条が憲法14条に違反すると主張しても、その事件の審理を担当する小法廷が昭和25年の大法廷判決と同じ判断を維持しようとする限り、大法廷による判決は得られないのである。第二の場合は、第一の場合を除いて、法律、命令、規則または処分が憲法に適合しないとき、と定められている。つまり、当事者の主張に基づかなくても、最高裁が職権で適用すべき法令の効力を調査し、違憲の判断を下すときである。実際上は、事件を最高裁に持ち込むとき、当事者は、違憲の主張をすることが多く、ほとんどの場合が第一の規定に該当するはずである。第三は、最高裁の先例を変更するときである。合憲性の判断にかかわる先例の変更は、前二者のどちらにもあたるが、憲法問題とは無関係の先例変更をする場合がある。これらに加えて、最高裁の制定した規則では、小法廷の意見が二つに分かれその説が同数になったときや、大法廷での裁判が相当と認められたときには、大法廷に廻（まわ）されることになっている。

　このように、憲法事件については、大法廷に事件が廻されると、最高裁判所がはじめて、あるいは、先例と異なった憲法判断を示すものと思われ、大変な注目を浴びることになるのである。ふだんは、大変静かで、見学者がいない時にはあまり人影のない庁舎も、大法廷判決の出る当日は、傍聴席を得ようとして朝早くから長い列ができ、訴訟の支援団体の人々が緊張した顔付きで集まり、

報道関係者がテントを張りテレビカメラを設置して忙しく動きまわるといった具合に、にわかに活気を帯びてくる。これに対して、小法廷の判決の多くは、人々に注目されることもなく、当事者も傍聴人もいない法廷で言い渡されることが多い。たとえば、有名な長沼ナイキ基地訴訟のように、下級審で自衛隊を違憲とする判決が下され大変な注目を浴びた事件でも、大法廷に廻されることなく、また、口頭弁論も開かれなかったため、ある日突然、当事者のいない法廷で判決が下されたこともある。もっとも、不審に思って駆けつけた弁護士一人と、あらかじめ最高裁から知らされていた報道関係者は、その法廷を目撃することができたが。

* 最一小判昭57・9・9民集36巻9号1679頁。

●判決の言渡し　　当事者の知らないうちに、突然、勝手に判決を言い渡すなどとはおかしいではないか、との疑問を持つ読者は少なくないであろう。公開の法廷で裁判を受ける権利を憲法は保障しているのであるから、最高裁は、憲法違反の裁判をしているのではないか、との批判を向けることができそうである。この疑問、批判は、学説上もとりあげられていることであるが、訴訟法の詳細にかかわる問題なので、ここでは、従来からそのような扱いがなされている理由として、次のような説明がなされていることを示すにとどめる。すなわち、上告審において、書面審理のみにより上告棄却判決を言い渡す際には、言渡期日の呼出状を当事者に送達すると、そのことが上告棄却の判決をあらかじめ知らせることになってしまうので、それを避けて期日の呼出状を送達しない取扱いをしているのである、と。

*　菊井維大＝村松俊夫『民事訴訟法11（法律学体系コンメンタール篇）』（1964年・日本評論社）686〜687頁。

　ところで、一定の（すべてではない）報道機関に対しては、言渡期日の呼出状が当事者に送達されていない場合でも、裁判所は、報道機関からの質問に応じる形で、判決言渡期日を知らせている。それによって、国民は、裁判の結果を新聞、ラジオ、テレビ、インターネットを通じて迅速に知ることができる。また、重要事件の際には、裁判所は、判決の言渡しと同時に、報道機関にその判決要旨や判決全文の印刷物を提供する。そこで、国民は、わざわざ傍聴に行かなくても、その日のうちにあるいは翌朝には、マスコミの報道を通して正確な判決の内容を知ることができるのである。

　このように、訴訟の当事者と報道機関との間で、判決の言渡しに関して対照的な扱いがなされている現実は、奇妙であるし興味深いことである。

第6章　違憲判決と憲法判例

●昭和48年の違憲判決　　　尊属殺重罰規定をめぐる憲法論議から大分離れたところにきてしまった。ここで話を元に戻し、最高裁判決の展開をみながら、一つの憲法事件がかかえる問題をさらに考えていくことにしよう。

われわれは、昭和25年の最高裁大法廷判決のところで止まったままである。それから23年後の昭和48年4月4日へと一足飛びに時を経過させて、その日に下された大法廷判決に注目しよう。それは、最高裁の歴史上、いや日本国憲法の歴史上画期的な判決であった。最高裁が、刑法200条は憲法違反で無効であるとの結論を下したからである。まず、やや長くなるが、その判決理由を要約して示そう。

　＊　最大判昭48・4・4刑集27巻3号265頁。

①「憲法14条1項は、国民に対し法の下の平等を保障した規定であって、同項後段列挙の事項は例示的なものであること、およびこの平等の要請は、事柄の性質に即応した合理的な根拠に基づくものでないかぎり、差別的な取扱いをすることを禁止する趣旨と解すべきことは」、先例の示すとおりであるから、刑法200条が憲法14条1項に違反するか否かの問題は、刑法200条における差別的取扱いが合理的な根拠に基づくものであるかどうかによって決せられる。

　＊　最大判昭39・5・27民集18巻4号676頁。

②昭和25年大法廷判決における括弧書の判示、その後、「情状特に憫諒すべきものがあつたとされる事案において、合憲性に触れることなく同条の適用を排除した事例」の存在、「そもそも同条設置の思想的背景には、中国古法制に淵源しわが国の律令制度や徳川幕府の法制にも見られる尊属殺重罰の思想が存在すると解されるほか、特に同条が配偶者の尊属に対する罪をも包含している点は、日本国憲法により廃止された『家』の制度と深い関連を有していたと認められる」こと、近代以降の諸外国では、そのような刑罰規定の不存在、あるいは廃止または緩和といった傾向がみられること、「最近発表されたわが国における『改正刑法草案』にも、尊属殺重罰の規定はおかれていない」ことの点に鑑み、刑法200条の憲法適合性につきあらためて検討する必要がある。

* 本書の第4章の「●昭和25年の尊属殺人事件判決」の箇所を参照せよ。
** これについては、後述の「●昭和25年判決から昭和48年判決に至る経緯」の箇所で触れる。

③「刑法200条の立法目的は、尊属を卑属またはその配偶者が殺害することをもって一般に高度の社会的道義的非難に値するものとし、かかる所為を通常の殺人の場合より厳重に処罰し、もって特に強くこれを禁圧しようとするにあるものと解される。」

④「尊属の殺害は通常の殺人に比して一般に高度の社会的道義的非難を受けて然るべきであるとして、このことをその処罰に反映させても、あながち不合理であるとはいえない。そこで、被害者が尊属であることを犯情のひとつとして具体的事件の量刑上重

視することは許されるものであるのみならず、さらに進んでこのことを類型化し、法律上、刑の加重要件とする規定を設けても、かかる差別的取扱いをもってただちに合理的な根拠を欠くものと断ずることはできず、したがってまた、憲法14条1項に違反するということもできないものと解する。」

⑤「しかしながら、刑罰加重のいかんによっては、かかる差別の合理性を否定すべき場合がないとはいえない。すなわち、加重の程度が極端であって、前示のごとき立法目的達成の手段として甚だしく均衡を失し、これを正当化しうべき根拠を見出し得ないときは、その差別は著しく不合理なものといわなければならず、かかる規定は憲法14条1項に違反して無効であるとしなければならない。」この観点から刑法200条をみると、その法定刑が死刑および無期懲役のみであり、また、減軽規定を適用しても執行猶予をすることができず、普通殺の場合と著しい対照をなしている。

⑥さらに、尊属を故なく殺害した卑属を厳重に処罰しようとする場合でも普通殺人罪の規定の適用によってその目的を達することができ、その反面、卑属の行為が必ずしも現行法の定める尊属殺の重刑をもって臨むほどの峻厳な非難に値しない場合がある。また、量刑の実状をみても、その大部分が減軽を加えられ、しかも最下限の懲役3年6ヶ月の刑の宣告される場合も稀でない。「このことは、卑属の背倫理性が必ずしも常に大であるとはいえないことを示すとともに、尊属殺の法定刑が極端に重きに失していることをも窺わせるものである。」

⑦「このようにみてくると、尊属殺の法定刑は、それが死刑ま

たは無期懲役刑に限られている点(現行刑法上、これは外患誘致罪を除いて最も重いものである。)においてあまりに厳しいものというべく、上記のごとき立法目的、すなわち、尊属に対する敬愛や報恩という自然的情愛ないし普遍的倫理の維持尊重の観点のみをもってしては、これにつき十分納得すべき説明がつきかねるところであり、合理的根拠に基づく差別的取扱いとして正当化することはとうていできない。

　以上のしだいで、刑法200条は、尊属殺の法定刑を死刑または無期懲役のみに限っている点において、その立法目的達成のために必要な限度を遥かに超え、普通殺に関する刑法199条の法定刑に比し著しく不合理な差別的取扱いをするものと認められ、憲法14条1項に違反して無効であるとしなければならず、したがって、尊属殺にも刑法199条を適用するのほかはない。この見解に反する当審従来の判例はこれを変更する。」

　＊　「従来の判例」とは、すでに本書の第4章でみた最大判昭25・10・25刑集4巻10号2126頁をはじめとする一連の合憲判決である。

　最高裁は、このように理由を述べ、原判決を破棄し、被告人に対し2年6ヶ月の懲役、執行猶予3年の判決を言い渡した。

●多数意見と少数意見　　以上の多数意見とは別に、一つの補足意見と、四つの意見、一つの反対意見が示されており、それら個別意見には以下にみるように八人もの裁判官が加わっているのであるから、大変な議論の展開をみた判決なのである。それでは、どのように意見が分かれたのであろうか。その概略を示そう。

まず、田中二郎裁判官の意見（それには、小川、坂本の両裁判官が同調している）は、刑法200条の立法目的自体が憲法14条に違反すると説き、多数意見の理由づけに対して、多数意見の倍近い字数を費やして反論を加えている。なお、彼は、東京大学法学部の行政法担当教授を務め、戦後の行政法学界の重鎮であり、最高裁裁判官定年（70歳）前に退官し学問活動に戻った。

　下村三郎裁判官は、比較的ことば少なに、刑法200条の規定を存置することの意味がなくなっていることを指摘しつつ、憲法14条違反で無効としている。彼は、東京高裁長官を経て最高裁入りした人である。

　色川幸太郎裁判官は、やはり刑法200条の立法目的自体が憲法14条に違反するとの立場から、多数意見に対してつぶさに批判を加えている。彼は、弁護士出身で、とくに、労働問題で優れた活躍をした人である。

　大隅健一郎裁判官は、刑法200条の規定を設けること自体が憲法14条に違反する不合理な差別的取扱いにあたるとするもので、それは、上記の三つの意見と共通するが、とくに、夫婦や兄弟姉妹等の間にもひとしく認められる関係を、尊属殺人についてのみ特別に扱っていることを問題としている。彼は、京都大学法学部教授出身で、商法学の権威者の一人である。

　これらに対して、下田武三裁判官は、おおむね昭和25年判決と同じ考えを述べて、合憲の意見を述べつつ、多数意見が謙抑的な司法審査権の行使をしなかったことを非難した。彼は、外交官出身で、最高裁を退官後プロ野球のコミッショナーを務め、いくつ

かの評判のよい改革をしたことで有名であるから、野球通の人なら名を知っていることだろう。

岡原昌男裁判官の補足意見は、多数意見の趣旨を説明するとともに、下田裁判官が非難したところに対して、決して多数意見が慎重さを欠く判断をしたものでないと説いている。彼は、大阪高検検事長を経て最高裁入りをし、後に、第8代最高裁長官となった。

さて、このように個別意見の概略をみてくると、主として二つの点で考え方の対立をみたことが明らかとなる。その一つは、刑法200条の立法目的そのものが違憲であるか否かということ、他は、最高裁の司法審査権の行使は、謙抑的でなければならないかということである。そこで、これらについて順に検討していこう。

●刑法200条の立法目的は違憲か

補足意見を含めた八人の裁判官は（したがって、かろうじて過半数を得たことになる）、刑法200条の立法目的については憲法14条の認める合理的な差別であるが（前掲の③と④）、その目的の達成手段である刑罰が重過ぎて違憲であるとする（⑤～⑦）。これに対し、田中裁判官に代表される五人の意見は、刑法200条の立法目的がそもそも憲法14条に違反していると主張する（下村裁判官の意見も、同規定の存置根拠がなくなっているというのであるから、立法目的に合理的根拠がないということと同じだといえそうだ。そうすると六人の意見としてよい）。果たして、どちらの意見が説得的であり、憲法の解釈として正しいといえるであろうか。

この問いは、われわれがすでに第4章の後半部分で検討したこ

とにつながることである。立法目的が違憲であるとする見解がどのような論旨を展開するものであるかについては、上記の田中裁判官らの意見のみならず、昭和25年の最高裁大法廷判決における反対意見や福岡地裁判決（それは、刑法205条2項についてであったが、同法200条についてもあてはまることは確認した）においても示されていたことなので、ここでは、その論旨の筋だけをみておけばよいであろう。

　それは、要するに、刑法200条の目的とするところは、その思想的背景をみると、個人の尊厳と人格価値の平等を基本的な立脚点とする民主主義の理念に抵触するものであり、憲法14条の認める合理的差別とはいえず、たとえそこに子が親を尊敬し、尊重すべきとする普遍的道徳がみられるにしても、それは、法律によって強制したり、とくに厳罰をもって遵守させるべき性格のものではない、ということである。

　これに対して、多数意見の論述における立法目的についての判断部分（③・④）は、昭和25年大法廷判決の述べたところと同じ趣旨であるが、そのあとの部分（⑤〜⑦）は、この昭和48年判決によってはじめて展開された見解である。その間の論旨の展開は、説得的であろうか。田中意見は、それについて次のように批判する。

「もし、尊属殺害が通常の殺人に比して一般に高度の社会的道義的非難を受けて然るべきであるとしてこれを処罰に反映させても不合理ではないという観点に立つとすれば、尊属殺害について

通常の殺人に比して厳しい法定刑を定めるのは当然の帰結であって、処断刑3年半にまで減軽することができる現行の法定刑が厳しきに失し、その点においてただちに違憲であるというのでは、論理の一貫性を欠くのみならず、それは、法定刑の均衡という立法政策の当否の問題であって、刑法200条の定める法定刑が苛酷にすぎるかどうかは、憲法14条1項の定める法の下の平等の見地からではなく、むしろ憲法36条の定める残虐刑に該当するかどうかの観点から、合憲か違憲かの判断が加えられて然るべき問題であると考えるのである。」

さらに、田中意見は、刑法200条の実際の運用に言及し、統計をみると、現実には、「やむにやまれぬ事情のもとに行なわれた犯行として強い社会的道義的非難を加えることの妥当でない事例が少なくないことを示している」として、多数意見が、尊属殺人は一般殺人に比して一般に高度の社会的道義的非難を受けて然るべきだとしていることには根拠がないと指摘している。

実は、多数意見もこの田中意見の指摘するところを前掲の⑥の箇所でみとめてさえいる。
*

* 本書では、この昭和48年違憲判決の対象となった事件の事実についてまだ触れていないが、次の箇所でそれを行うことにしている。

このような批判論をみてくると、私は、田中意見の方が説得力をもっているように思う。他の少数意見の批判論をも参照のうえ、読者の皆さんは、どちらの結論が適切であるか考えてみて欲しい。その考察にあたり、さらに、次に述べることも参考とするとよい。

● 昭和25年判決から
　昭和48年判決に至る経緯

　昭和25年の判決と昭和48年の判決とを対比すると、一方が合憲、他方が違憲という具合に、結論に関するかぎり全く逆になっているのであるから、どうしてそのような展開になったのか、考えてみなくてはならない。それなりの理由がみとめられるのなら、最高裁は、決して慎重さを欠いた判断を下したと非難できないはずである。

　まず、尊属殺人や尊属傷害致死の事件が、多数意見も田中意見も指摘しているようにやむにやまれぬ事情のもとに、あるいは、まことに目をおおうばかりの気の毒な状態において生じていることである。われわれがみた昭和48年の大法廷判決の対象となった事件は、そのもっとも極端な例である。すなわち、被告人は、実父により14歳の時に犯され、以後10年余の間夫婦同様の生活を強いられ数人のこどもまで生んだ女性である。彼女は、たまたま職場で青年と知り合い、結婚を考えるようになったところ、その青年との関係を知った実父が、怒り狂い十日余りも強迫虐待を加えたので、その忌まわしい境遇から逃れようと煩悶（はんもん）して、ついに絞殺したというものである。＊他に、姑との折り合いが悪く、実家に帰ったり、自殺まで考えたりしていた嫁が、猫いらずを塗布した握り飯を食べさせようとしたが果たせなかったとか、養父の酒癖が悪く乱暴な行為に悩んでいた女性が、自殺の道連れにしようと睡眠薬を飲ませたうえ絞殺した例をあげることができる。

　＊　詳しくは、第一審（宇都宮地判昭44・5・29判夕237号262頁）の認定した事実をみるとよい。なお、「判夕」は、判例タイムズという判例誌である。

このような例を出しても、殺したことは悪いのだからしかたがないではないかと思うかもしれない。しかし、どうか問題の所在を見失わないでほしい。そのような場合、刑法199条の殺人罪の規定を適用して罰すればよいのであり、200条の重罰規定は不要ではないかということを問題としているのである。それを考えさせる例を出そう。昭和32年の最高裁大法廷判決がそれであり、これについては、昭和48年判決でもふれられている。それは、妻が亡夫の直系尊属である父母を殺害しようとしたが未遂に終わった事件に対するものである。法的には、夫が死んだ後でもその父母は、配偶者の直系尊属であることに変わりはない。しかし、最高裁は、その妻のまことに気の毒な境遇をみて、刑法200条にいう「配偶者の直系尊属」とは生存配偶者の直系尊属を指すのだとして、その妻に刑法199条の普通殺人罪の規定を適用すべきだと判示した。それは、解釈の仕方としてはどうみても無理な解釈である。無理な解釈をしても、被告人であるその妻の刑を軽減することをよしとしたのである。これは、最高裁が、刑法200条の合憲性を維持できないとの見解をとりはじめた兆候とみることができそうだ。あるいは、昭和25年判決の括弧書きの箇所で最高裁が気掛かりにしていたことが、現実のものとなってきたことを示している。もちろん、この無理な解釈は、被告人の配偶者が死んでいないと通用しない。その次にとるべき手段は、刑法200条を違憲・無効とするしかないわけである。

　＊　最大判昭32・2・20刑集11巻2号824頁。

　さて、もう一つあげなければならない点は、昭和25年から時を

経て昭和48年頃になると、社会における道徳意識が変化し、また、憲法の平等の理念も社会によく浸透し、平等の価値が強く意識されるようになってきたことである。このことは、補足意見の岡原裁判官が説明しているところである。すなわち、「たとえば刑法のように社会生活上の強行規範として価値観と密接な関係を有する基本法規にあっては、時代の推運、社会情勢の変化等に伴い、当初なんら問題がないと考えられた規定が現在においては憲法上の問題を包蔵するにいたっているのではないかと疑われることもありうるところである」と。また、下村意見も、「時世の推移、国民思想の変遷」が尊属殺人に対する処罰規定を存置する根拠を失わせることとなっている要因の一つであると説いている。

これらの背景をみれば、違憲判断が裁判官の個人的見解のみに基づいているのではなく、判例の動向や社会における反応といったことにも配慮して、慎重に下されたものであることが明らかとなる。

●**司法審査権の行使にかかわる基本姿勢** はじめにも指摘したように、昭和48年の最高裁大法廷判決は、最高裁がはじめて法律の一条文の効力を否定した例である。最高裁判例に関するかぎり、このような例は、まことに少ない。なぜ少ないのかということを分析するのも重要な憲法学の課題である。それについては、憲法の講義を聞きながら考えてもらいたい。ただ、それについて、司法審査権を裁判所が行使することに対して、基本的に二つの立場があることをあらかじめ知っておくのがよいであろう。

裁判所は、司法審査権の行使をなるべく抑制すべきとする立場

がある。すでに指摘したように、下田裁判官が、その反対意見において、最高裁は謙抑的態度をとるべきであると強調しているのがその例である。このような立場は、司法消極主義と呼ばれる。これに対して、裁判所は、人権保障を実現するためには、自らの判断を積極的に加え、法令に対する違憲・合憲の審査をすべきだとする立場がある。これは、司法積極主義と呼ばれる。もっとも、この二つの立場の中間に立つ見解もあるし、とりわけ、何をとらえて積極・消極というのか、いろいろ見方が分かれる。その詳細についても、読者の今後の勉強に委ねることにしたい。ここで知っておいてもらいたいことは、最高裁ないしそれを構成する裁判官が、司法審査権の行使について、基本的にどのような姿勢をとることにしているかということによって、憲法事件の解決の仕方が左右されるということである。最高裁の裁判官が全体として、立法府の判断したところをなるべく尊重して、謙抑的態度をとるべきと考えるならば、別言すれば、ある法律について違憲の疑いがあるかもしれないが、それを正すのは国民の代表者で構成される議会がまず行うことであると考えるならば、違憲・無効という判断はなかなか出てこないことになる。

　他の憲法事件や最高裁判決をみるときには、このようなことも分析の対象とすることが必要である。

●判決の効果とインパクト

　さて、最後に、昭和48年の最高裁大法廷判決がどのような効果をもち、いかなるインパクトを及ぼしたかということを述べておこう。

　通常、裁判所の判決は、その対象とする事件の当事者のみに効

力が及び、第三者や社会一般については何ら法的効力をもたらさないと説明される。つまり、その判決は、その対象となった事件の被告人に対してだけ効力があり、別に尊属を殺害した者に対しては、刑法200条は、依然有効な規定であるとして適用されるのだと。まして、同規定の立法目的は、合憲とされたのであるから、他の尊属に対する犯罪行為を重く罰する規定は、刑法200条ほど刑が加重されてはいないから合憲であり、有効であると。確かに、その点については、最高裁は、その後、刑法205条2項について合憲であるとの判決を下した。その理由は、「尊属傷害致死罪の法定刑は、……立法目的達成のため必要な限度を逸脱しているとは考えられないから、……合理的根拠に基づく差別的取扱いの域を出ないものであって、憲法14条1項に違反するものとはいえない」というものであった。

＊ 最一小判昭49・9・26刑集28巻6号329頁。

　判決、とりわけ違憲判決について、その効力が事件の当事者にのみ及ぶという説明は、学説上個別的効力説と呼ばれる。それに対立する考えは、一般的効力説と呼ばれるのであるが、ここで両説の分析をするつもりはない。注目したいのは、実際にどのような扱われ方をし、どのような影響をもたらしたかということである。つまり、違憲判決の効果やインパクトに目を向けることにする。

　昭和48年4月4日に最高裁大法廷は、実は、三つの事件に対して判決を言い渡した。われわれは、その一つに対する判決の内容をみてきたのである。他の二つの事件に対しては、最高裁は、そ

の判決を引用して処理している。そこから、最高裁は、刑法200条で起訴された事件に対しては、同規定を違憲・無効として刑法199条で処断すべきことを宣言したものとみることができる。したがって、判決は当該事件の被告人にしか及ばないとして刑法200条で起訴しても、最高裁において同じ判決が繰り返されるだけだということがいえるのである。その意味で、昭和48年の判決の時点から、刑法200条の効力が一般的になくなったといってよい。違憲判決の効果がそのようにあらわれたとみてよい。

　ただ、それは、事実上そうなるのであって、法的には、刑法典からその条文を削除する（いや、判決の示すところは、法定刑の下限を少し軽いものに改正すればよいとも考えられる）作業が必要である。それは、国会の役割である。最高裁は、その国会の作業を促すために、昭和48年の裁判書を国会に送付した。それを受けて、国会では、刑法200条を廃止ないし改正する立法措置をとることになるはずである。法務省は、廃止する案を用意したところ、自由民主党の議員のなかにそれに強く反発する意見が出て、結局、国会に上程しないまま時が過ぎた。それ故、しばらくの間、六法を開くと、刑法200条は、依然として刑法の条文として存在することとなった。つまり、法的には条文の効力は失われていないともいうことができる。

　これに対し、検察は、この判決以降、尊属殺人の事件であっても、刑法200条ではなく、同法199条の普通殺人として起訴することにした。そのため、刑法200条は、結局、死文化したことになった。昭和48年から長年そういう状態がつづくこととなった。も

はや、これを復活することは、法的安定性を大きく損なうことになるであろう。つまり、事実上、わが国の刑罰規定において、尊属殺人罪というものはなくなったといってよい。

そこで、さらに考えてほしい。殺人罪については、尊属に対する行為を特別に扱っていないのに、尊属傷害罪などについては、別な扱いをすることが許されるのか。事実が形成した法の適用状態から、また、憲法14条に違反する差別的取扱いが生まれているのではないか、という問題である。それに対して、実際上は、量刑において尊属に対する行為だからという理由を考慮しないようにすれば、問題ないとの答えが可能かもしれない。そうすると、尊属に対する罪を別の構成要件として規定することの根拠がますます無くなってくるのではないか。

●エピローグ
——平成7年の刑法改正

このように、国会が最高裁判決に対応した立法措置を迅速にとらなかったため、奇妙な法秩序を生み出していた。これの是正は、やっと1995（平成7）年になされることとなった。つまり、最高裁の違憲判断から22年後に立法府の対応がみられたのである。

それでは、どのような立法府の対応措置がなされたのであろうか。これについては、すでに、第4章のはじめのところで明らかにしているように、刑法200条のみならず、他の尊属に対する犯罪行為を別に罰する規定が削除されたのである。この結果からみると、先にみた、昭和48年の違憲判決中の多数意見ではなくて、田中裁判官ら五人ないし六人の意見に従って、つまり立法目的が違憲だとする考え方のもとに、削除したといえそうである。しか

し、実際は、そのような議論が国会での改正過程でなされた形跡がない。そもそも、1995年の刑法改正の目的は、条文の口語化をするもので、そのために法務省が作成した法案に、上記のような一連の条文の削除がなされていたのであった。これに対して、以前のような議員の反対論が登場しなかったのである。つまり、憲法14条の意味を具体的に刑法において実現するにあたり、最高裁の多数意見の考え方と意見の立場とどちらをとるべきかの議論が立法府においてなされないままの状態である。このような憲法秩序の形成の仕方は、法治国家にはふさわしくないことだといってよい。

　　　　　　＊　　　　＊　　　　＊　　　　＊

　以上、この第Ⅱ部では、尊属殺重罰規定をめぐる憲法事件について、さまざまな点から考察をしてきた。これは、最高裁を中心にした、一つのドラマといえるかもしれない。このドラマには、はっきりとした決着がつけられていない。決着のないドラマは、しばしば観る人にいろいろなことを想像させて、評判のよいものとなることがあるが、憲法事件のドラマにとって、それはよろしくないことだ。われわれは、そこから一つ学んでおくことがある。それは、憲法秩序というものは、たとえ最高裁判所が憲法の番人となっていても、最高裁一人で作りあげることができないということだ。立法府も行政府も、さらに法の執行者である検察も、それぞれ重要な役割を担っているのである。それら役割の担い手の

間がうまく嚙み合っていないと、よい憲法秩序はできあがらない。そのことを念頭において、次の第Ⅲ部に進んでいただきたい。

* 憲法事件がドラマのような展開をみせる例は、他にもいくつかある。以上で見てきたような追跡をしたいと思う読者には、一人でなくグループを作って、次にあげる裁判例を丁寧に分析して議論を交わすことを勧める。一つは、民法900条4号ただし書で定めていた非嫡出子相続分が違憲だとして争った事件（最大決平7・7・5民集49巻7号1789頁、判時1540号3頁および最大決平25・9・4民集67巻6号1320頁、判時2197号10頁）である。考察の対象は、この二つの最高裁決定だけでなく、それらの下級審裁判所の判断や、この二つの決定の間に登場した小法廷の裁判も含めるべきで、その所在は、後者の平成25年の裁判を見ると明らかとなる。もう一つは、憲法20条が定める政教分離原則に違反するとして争った事件（最大判昭52・7・13民集31巻4号533頁、判時855号24頁、最大判平9・4・2民集51巻4号1673頁、判時1601号47頁、最大判平22・1・20民集64巻1号1頁、判時2070号21頁）である。これについても、考察の対象をそれらの最高裁判決だけでなく、関連する小法廷裁判や下級審の裁判にまで及ぼすと憲法秩序の形成状況がよくとらえられる。

第III部

憲法問題の解決方法

憲法問題はすべて、最終的には最高裁判所によって解決される、という説明は正しいであろうか。確かに、日本国憲法81条が定めるように、最高裁判所は、「憲法の番人」の役割を担っている。そして、多くの問題は、訴訟の形をとり裁判によって解決され、また、そのような解決方法が選択される例は増加する傾向にある。憲法学上、憲法訴訟論が盛んになされたのは、そのような傾向のあらわれであるし、今世紀の初めから開始された司法制度改革のもとに、司法の働きが活発になってきている。

　しかし、訴訟による解決が憲法問題の解決のすべてであろうか。場合によっては、裁判所の判断を仰ぐのではなく、立法、行政の政治部門や政治過程において解決されることがあるし、社会において自律的に処理されることもある。また、問題によっては、裁判所の判断になじまないとされることもある。

　そこで、憲法問題は、いったいどのように解決され、また、解決されるべきであろうか。あるいは、憲法問題が裁判によらずに解決されるとは、いかなることをいうのであろうか。第Ⅲ部では、このようなことに関心を向けることとしよう。これも、憲法というものを理解するのに大いに役立つ観点である。

第7章　憲法訴訟の道

●違憲の主張　憲法問題が新聞紙上に報道されることがよくある。だいぶ前の事件であるが、次の例について、どのように考えたらよいであろうか。

1982年10月19日の朝日新聞夕刊の三面は、「日曜の参観授業欠席扱い、『信教の自由を侵す』、教会出席妨げる、児童と親が提訴、江戸川」との見出しのもとに、「日曜日の授業参観をめぐり、教会学校出席のため授業を欠席した児童と両親が19日、『日曜日を授業日に指定し、児童を欠席扱いにしたのは、憲法20条に反し、信教の自由を侵害するものだ』として、小学校長、東京都江戸川区、東京都を相手取り、欠席として扱わないことなどを求める訴訟を東京地裁に起こした。教会などの宗教教育と学校教育の関係が争われるのはこれが初めてである」と、伝えている。

　＊　以下では、西暦に統一して述べる。

これについて、憲法学者の久保田きぬ子は、「日曜日授業の可否を信教の自由の観点から争った初めての事件というが、この事件はそもそも裁判所で争うに価する程の問題であろうか。さらにまた、信教の自由を持ち出して論ずべき程の事件であろうか。私はそうは考えない。常識的に考えて解決すべき問題であると思っている。私の偏見かもしれないが、この事件に限らず、この種の違憲を主張する事件は、他にも数多くある」と、訴訟により問題を解決しようとしたことに対して強い疑問を投げ掛けている。

＊　久保田きぬ子「違憲論」法学教室29号43頁（1983）。

　おそらく、憲法学者のなかには、それとは別の見解をもち、訴訟を提起したことは間違いではないと主張する者もいるはずである。そこで、違憲の主張を訴訟の形で行うこと（これを、憲法訴訟という）は、どのような意味をもっているのか、以下考えていくことにしよう＊。

　＊　なお、この日曜日授業欠席処分取消等請求事件について、裁判所は、原告の請求を認めず（東京地判昭61・3・20判時1185号67頁）、上訴されなかったので、訴訟は、一応決着した。

●訴訟になじむ・なじまない　　ある事件の解決を裁判所に求めるのが適当かどうか、という問題を考えるとき、そこには、知っておかなければならないこと、検討しなければならないことがいろいろある。

　まず、久保田の主張からみていくことにしよう。そこでは、「そもそも裁判所で争うに価する程の問題であろうか」という表現で、事件の解決を裁判所に求めることが適当でない旨の指摘がされている。つまり、常識で解決すべき問題について裁判所をわずらわせる必要はないとしているのである。すると、社会に生ずる事件のなかには、たとえそこに憲法にかかわる問題点がみとめられても、訴訟の形をとるまでもないものと、訴訟によるべきものとがあることになる。では、その区別の基準は何であろうか。その久保田の主張は、短いエッセイのなかで述べられていることだから、その基準について詳しく説明されているわけではない。手掛りは、唯一、「常識」というものに求められる。しかし、常

識というものは、人によって大いに異なるから、多くの人を満足させる基準にはなりそうもないようである。そこで、もう少しいろいろな観点から、憲法訴訟に伴う問題点を考えたうえで、その区別の基準について検討することにしよう。

　第一に考えておかなければならないのは、いかなる憲法問題についても、裁判所が採り上げてくれるのかどうか、ということである。それについては、そもそも訴訟としての適切な形をなしていないから、違憲の主張の中身について判断する（これを、実体判断という）までもないとして、裁判を拒否される場合がある。次に、訴訟としての形を整えていても、裁判所が違憲、合憲の判断をすることにはなじまない問題だとして、判断をしてくれない場合がある。さらに、実体判断はしてくれたけれども、違憲の主張を認めてくれない場合がある。こういうことが全部克服できたとき、つまり、裁判所が違憲の主張を認めてくれたとき、その主張者は、はじめて憲法問題が解決されたとの満足感を得ることになる。しかし、その違憲の主張者とは別の立場からみて、それで憲法問題が解決されたのかどうか、さらに検討する必要が生ずる。——どうも、はじめから具体性の欠ける説明になってしまったようだ。このような問題点があるらしいということだけを頭に入れてもらって、以下、それらを順に検討していくことにしよう。

●裁判所が取り合ってくれない——門前払い

　訴訟の形を整えていない、ということは、もう少し法の専門的なことばでいうと、訴訟の手続的要件を備えていないということである。これは、日本の裁判制度のあり方にかかわるのであ

るが、その詳しい説明は、講義を通じて学んでいただくことにして、ここでは、それに関する大変有名な例をみることにしよう。

時は、朝鮮半島に北朝鮮と韓国の二国の分裂をもたらした戦争が起きていた頃のことであるが、日本政府は、憲法9条の存在にもかかわらず、警察予備隊と呼ばれる現在の自衛隊の前身にあたるものを設けた。そこで、政治の場面で、違憲、合憲の論議がわきあがったのであるが、社会党の代表者は、国の行った警察予備隊の設置ならびに維持に関するいっさいの行為が憲法違反であり無効だとして、国を相手方とする訴訟を直接最高裁判所に起こし、裁判によりその問題の決着をつけようとした。これに対し、最高裁は、実体判断をすることなく、訴訟要件を満たしていないとして、訴えをしりぞけた。その1952年の最高裁判決は、次のように述べている。

* 最大判昭27・10・8民集6巻9号783頁。

「わが裁判所が現行の制度上与えられているのは司法権を行う権限であり、そして司法権が発動するためには具体的な争訟事件が提起されることを必要とする。我が裁判所は具体的な争訟事件が提起されないのに将来を予想して憲法及びその他の法律命令等の解釈に対し存在する疑義論争に関し抽象的な判断を下すごとき権限を行い得るものではない。」

「要するにわが現行の制度の下においては、特定の者の具体的な法律関係につき紛争の存する場合においてのみ裁判所にその判断を求めることができるのであり、裁判所がかような具体的事件を離れて抽象的に法律命令等の合憲性を判断する権限を有すると

の見解には、憲法上及び法令上何等の根拠も存しない。」

　この判示は、つまり、国の行った警察予備隊の設置および維持について違憲であるか否かを検討することを抽象的な性格だとし、司法権を行使する裁判所は、そういう性格の争いについては判断を下す権限をもっていないとしている。言い換えれば、日本の司法制度のもとでは、特定の者の具体的な法律関係についての紛争（これを、具体的な争訟事件という）に対してのみ判断を下すことになっているのだという。このことは、上の例のように直接最高裁判所に訴えを持ち込んだ場合だけでなく、下級裁判所を含めたすべての裁判所についていえることである。

　　＊　これについての理解を確かなものとするためには、日本の司法制度の内容、司法の意味、司法と裁判との関係ないし違いなどについて、深めた勉強をする必要がある。

　さて、これで、違憲の主張を裁判所において認めてもらおうとしても、裁判所がそれに取り合ってくれず、門前払いとなることがあることを知っていただけたと思う。何か法律や行政機関の行為が、自分の自由や権利を具体的に侵害しているといった事態が存在しないのに、そもそもそれは憲法違反だとの見解を抱いて裁判所に訴え、判断を求めようとしても駄目だということである。たとえば、国が高速道路を建設する計画を明らかにしたことを知って、その計画を実行すれば、将来、環境破壊や公害をもたらし、生活を脅かすことになるから、憲法13条の保障する幸福追求権ないしそこから導かれる環境権を侵害する違憲の計画だと主張して

裁判所に訴えても、通常、取り合ってくれない。あるいは、内閣総理大臣が靖国神社に参拝したのは憲法20条の政教分離の原則に反するとして、その参拝行為を違憲だと宣告するよう裁判所に求めても、門前払いとなる。人の自由や権利が現実に損なわれていないからである。

* ただし、次の項で述べるように、請求の仕方が、門前払いを受けるか否かに関係する。たとえば、最二小判平18・6・23判時1940号122頁、および、その判決での滝井裁判官の補足意見を参照するとよい。

なお、具体的争訟事件でない場合でも、法律が訴訟で争う方法を定めているときは、違憲の主張を裁判所がとりあげてくれる（行政事件訴訟法5条・42条・43条の定める「民衆訴訟」の場合）。選挙の効力を争う場合（公職選挙法203条・204条・207条・208条）や、住民訴訟と呼ばれる場合（地方自治法242条の2）がそれである。興味を抱く人は、投票価値の平等を争う事件や津地鎮祭事件の判例をみることによって確かめてもらいたい。

* 他に、最高裁判所裁判官国民審査法36条の場合もある。なお、それらの訴訟がどうして具体的争訟事件とならないのか、という問題を考えてみることが必要である。

●いかなる請求をするか　訴訟の入口のところで、もう一つ、違憲の主張をする者がいかなる請求をするかということに注目しておかなければならない。いかなる請求をするかとは、たとえば、はじめに見た例との関係でいうと、①日曜日を授業参観日とすることが違憲・無効であることの確認を求める、②憲法20条に違反する授業の実施の禁止を学校に命じることを求める、③児童の指導要録の出欠の記載において、欠席

の記載を取り消すことを求める、④欠席扱いをされたことから被った精神的苦痛を償え、すなわち、慰謝料何万円を支払うように命じてくれ、といったことを指す。こういうことを請求の趣旨というのであるが、違憲の主張は、それに対して請求の原因となっているのである。つまり、教育委員会や学校当局が憲法20条で保障されている個人の信教の自由を侵害したと主張することは、その請求の趣旨の根拠となっているのである。もっとも、これは、国や行政機関を相手に訴える場合のことであり、刑事事件では、被告人が自己の無罪を認めてもらおうとするとき(それが、上記の請求の趣旨にあたる)に、その理由として違憲の主張を行うという違いがある。

　さて、ここで、違憲の主張をして、①〜④の請求を裁判所に求めて訴えを起こすことが適当かどうかという問題が生じる。おそらく、すでに言及した、「常識的に考えて解決すべき」との見解は、学校の授業の実施や児童の欠席扱いのような問題は、訴訟で解決すべき問題でなく、無効確認、差止請求、取消請求、慰謝料請求といった大袈裟な議論をする必要がないといった意味にとれる。しかし、法的に訴訟要件の問題としてみるかぎり、そのような請求をする者に、一律に門前払いとする理由はみつけることができない。また、訴えを提起する者も、やみくもに思いつく請求を並べ立てるのではなく、裁判所に受け入れてもらえそうな請求となるように工夫しなければならない。その工夫は、民事訴訟法や行政事件訴訟法の訴訟手続に関する法の専門的・技術的知識が必要となる。ここでは、これについての立ち入った検討はせず、

読者の今後の勉強に委ねることとする。ここで確認しておきたいことは、たんに違憲と主張するだけでは、裁判所からの救済は得られないということである。

* この事件では、先にあげた判例をみると明らかなように、③と④の請求をしている。それはなぜか、また、そのように絞っても、③については却下、④については棄却となったことの根拠も判決理由を読み検討してみるとよい。

●**裁判所の審査になじむ・なじまない** 訴訟の要件を充たしているときでも、裁判所は、実体判断を下そうとすればできるのに、紛争の性格にてらして、あえてそれをしないことがある。これについても、二つの有名な事件を例に出すことにしよう。

その一つは、1952年8月20日に行われた衆議院の解散について、それが違憲であるとして、衆議院議員であった人が争った事件である。訴訟要件については、その人が違憲・無効の解散によって議員の歳費が受けられなくなったから、それを回復することを求めるという形で満たされている。また、違憲の主張の論拠は、次のようであった。すなわち、その人の見解によると、憲法上認められている解散は、憲法69条に基づくものでなければならないのに、その解散がそれによらず、憲法7条に基づいてなされたというのである。最高裁は、その違憲の主張が正しいか否かの判断を下すことを避けて、次のように述べた。

「わが憲法の三権分立の制度の下においても、司法権の行使についておのずからある限度の制約は免れないのであって、あらゆる国家行為が無制限に司法審査の対象となるものと即断すべきで

はない。直接国家統治の基本に関する高度に政治性のある国家行為のごときはたとえそれが法律上の争訟となり、これに対する有効無効の判断が法律上可能である場合であっても、かかる国家行為は裁判所の審査権の外にあり、その判断は主権者たる国民に対して政治的責任を負うところの政府、国会等の政治部門の判断に委され、最終的には国民の政治判断に委ねられているものと解すべきである。」(いわゆる苫米地訴訟に対する最大判昭35・6・8民集14巻7号1206頁)

もう一つの例は、日米安全保障条約が憲法9条に違反するとの主張がなされた事件についてである。その事件は、同条約に基づいて定められた刑事特別法に違反するとして起訴された刑事事件であり、違憲の主張は、その事件の被告人によってなされた。1959年の最高裁判決は、次のように述べて、違憲の主張をみとめなかった。

「本件安全保障条約は、……主権国としてのわが国の存立の基礎に極めて重大な関係をもつ高度の政治性を有するものというべきであって、その内容が違憲なりや否やの法的判断は、その条約を締結した内閣およびこれを承認した国会の高度の政治的ないし自由裁量的判断と表裏をなす点がすくなくない。それ故、右違憲なりや否やの法的判断は、純司法的機能をその使命とする司法裁判所の審査には、原則としてなじまない性質のものであり、従って、一見極めて明白に違憲無効であると認められない限りは、裁判所の司法審査権の範囲外のものであ〔る〕。」(いわゆる砂川事件に対する最大判昭34・12・16民集13巻13号3225頁)

さて、これら二つの判決では、違憲かどうかの判断を求められた問題の性格が高度に政治的であることを理由に、最高裁は、その問題が司法審査になじまないものであり、司法審査権の範囲の外にあるとして、合憲性の判断を下すことを避けている。もちろん、高度に政治的であるからといって、司法審査を放棄してよいものか、検討する必要があるし、後者の例では、前者の例と異なり、「一見極めて明白に違憲無効であると認められない限りは」との条件がつけられており、その意味を考えなければならない*。また、別の論法で、合憲性の判断を避ける例もあり、その違いも考察しなければならない。ただ、ここでは、訴訟の要件を充足していても、なおかつ、裁判所は、違憲の主張に対して、審査になじむものとなじまないものとの区別をしていることを知ってもらえばよい。そして、日曜の参観授業欠席扱いの問題は、高度に政治的な性格をもっているとはいえないから、裁判所がそういうことを理由に合憲性判断を避けることはしなかった。

* この二つの例について、最高裁が統治行為論あるいは政治問題の法理によって処理したと説明される。注意すべきは、統治行為論・政治問題の法理の内容があらかじめ決まっていて、それを適用したなどと受け取ってはならないことである。これに関しては、本書の第8章をみよ。

● 裁判所が取り合ってくれない
　　──合憲判決

　訴訟の手続上の要件を満たして、違憲の主張について裁判所による実体判断を仰ぐことができる場合でも、そして、上でみたように、裁判所の審査権の行使を避けるような問題でない場合でも、裁判所が違憲の主張を認めないとの結論に達したならば、その主張者は満足を得られないことになる。これも、裁判所が取

り合ってくれないことの部類に属するわけである。ただ、不満の残る違憲の主張者とは別に、第三者の目からみれば、それで、憲法訴訟による問題の解決が一応なされたということができる。

　なぜ、一応の解決であり、完全な解決といえないのであろうか。われわれは、この問いに対する答えをある程度得ている。すなわち、本書の第Ⅱ部で、改正前の刑法200条の尊属殺重罰規定が憲法14条の平等原則に違反するか否かという問題を争った事件をたどった際に明らかとなったように、ある時に裁判所（とりわけ、事件に対し最終判断を示す最高裁判所）が合憲と判断しても、後に違憲の結論に変更することがあり、合憲判決は、その対象となった訴訟についての結論であるということができても、将来にわたり覆ることのない不変のものとはいえない。だから、別の人が、別の機会に同じような違憲の主張をして訴えることができるし、裁判所は、先例を参照し尊重するけれども、その主張に対して独自の判断を加えることができる。したがって、個々の憲法訴訟が合憲判決で終わっても、それで憲法問題の解決が完全になされたというわけにはいかない。

　ところで、裁判所は、いかなる理由のもとに違憲の主張を認めないとの判断を下すのであろうか。その問いに対して、簡単に、あるいは、系統的にまとめて説明することは不可能である。それは、登場する問題ごとに多様な理由が示されるからである。その詳細については、憲法の講義で参照を求められる判例に注意をして、理解してもらいたい。ただ、違憲ではないというからには、法律や行政機関による人権の制約について、制約する側の主張の

方を有利に扱ったということができる。有利に扱うという裁判所の姿勢をもっともよくあらわしている理由づけの仕方が裁量論である。そこで、ここでは、その裁量論をとりあげて、合憲判決の内容を少しばかりのぞいておくことにしよう。

●**立法府・行政府への司法による尊重**　法律には通常、それが制定されたゆえん、つまり、立法目的があるはずである。また、その立法目的を達成するために手段が規定されている。違憲の主張は、立法目的やその目的と手段との関係についてなされる。そのことの具体例を、われわれは、刑法200条を違憲と主張する場合について考察したから、他の法律の場合についても同様に考えてもらえばよく、ここで繰り返す必要はない。注目すべきことは、そうした立法目的や目的と手段との関係について、法律の制定者である立法府が判断したところを裁判所が尊重する場合である。裁判所が判決の理由のなかで、立法府の判断するところを尊重するとはっきりいうこと、あるいは、違憲として争われている事項についての政策決定が立法府の判断に委ねられていることだとすることを立法裁量論という。この立法裁量論が採られる場合は、とくに、広く立法府の裁量に委ねられる場合は、もはや裁判所により立法目的や手段に対する違憲の疑いがかけられないのであるから、合憲の結論に達することになる。

　行政府の行為について違憲の主張がなされたときは、少しばかり事情が異なる。行政府の行為といっても、それは、行政機関や公務員の行為のことを指すのであるが、その行為ができる根拠、つまり権限は、まず法律に定められていなければならない。それ

は、「法律による行政の原理」と呼ばれる。そこで、法律により、行政機関なり公務員がその自由な判断で行為してよいとされている事項（裁量事項）については、裁判所は、法律が定めた権限を逸脱・濫用した事態が存在しないかぎり、権限を行使した行政機関や公務員の判断を尊重するという言い方がなされる。この場合も、裁判所による違憲判断がでてきにくいことになる。

　さて、ここで、はじめの例との関連が生じてきた。すなわち、日曜日を授業参観日にするとの決定は、教育委員会なり学校が行ったことである。そして、その権限行使は、自由な裁量に委ねられている事項の範囲にあたるとの判断を裁判所がしたとしたらどうであろうか。実際に、裁判所は、次のように述べて、校長に法律上認められた裁量権の範囲を逸脱した場合にあたらないと判断している。

　「以上本件授業の実施に伴い、原告らに一定の事実上の不利益が生ずることを認められるものの、本件授業は、法令上の根拠を有し、その実施の目的も正当であるところ、実際に当該年度に実施された日曜日授業の回数……及び授業参観の目的を達成するためにとりうる代替措置の可能性の程度からみても、本件授業の実施に相当性が欠けるところはなく、被告校長の裁量権の行使に逸脱はない。」（東京地判昭61・3・20判時1185号67頁）

　このような判断は、特別な例とはいえないようで、たとえば、中学校の校則で、男子生徒に丸刈りを強制したことを争った事件に対して、裁判所は、次のように述べている。

「丸刈りが中学生にふさわしい髪形であるという社会的合意が
あるとはいえず、スポーツをするのに最適ともいえず、頭髪の規
制で直ちに生徒の非行が防止されると断定されることもできない。
その教育上の効果については多分に疑問の余地があるが、著しく
不合理であるとは断じることができないので、校則を制定・公布
したことは違法とはいえない。」(熊本地判昭60・11・13行裁例集
36巻11・12号1875頁、判時1174号48頁)

要するに、争われている事項は、中学校長の裁量に委ねられて
いることだとしたのである。

常識による解決ということにこだわるようだが、その見解は、
日曜授業参観の問題についても、裁判所に訴えたところでせいぜ
いそのような回答しか出てこないから、訴訟の方法でなく、学校
と親との間の話し合いや、親の自主的判断で処理した方がよいと
の意味にとれそうである。これに対して、信教の自由の重要性を
そんなふうに考えてもらっては困るという反論も生じるであろう。
そこには、憲法問題の解決にかかわる基本的な見解の相違という
ことが認められる。それについては、後に、さらに考えてみるこ
とにしている。

● **最高裁判所が違憲の主張を認めた例**

ここで、最高裁判所は、その発足以来、どのくらい違憲の判断に至った判決を下したのかをみることにしよう。それによって、違憲
の主張が裁判所によって受け入れられる度合がある程度判明する
はずである。以下、最後にあげる例以外は、年代順に列挙する。
なお、各例については、きわめて簡略化した要約となっているの

で、その意味が直ちに理解できなくとも気にすることなく読み進めてよい。

①下級裁判所が純然たる訴訟事件に金銭債務臨時調停法7条に定める調停に代わる裁判をしたことは、憲法82条、32条に反して違憲とした決定（最大決昭35・7・6民集14巻9号1657頁）。

②告知、弁解、防御の機会を与えないで、第三者の所有物について関税法の定める没収をすることが憲法31条、29条に違反するとした1962年の判決（最大判昭37・11・28刑集16巻11号1593頁）。

③刑事事件が第一審において15年余りも審理を中断したことは、憲法37条の保障する迅速な裁判を受ける権利を侵害して違憲だとの主張を認めた1972年の判決（最大判昭47・12・20刑集26巻10号631頁）。

④刑法200条が憲法14条に違反する規定だとしたわれわれがすでにみた1973年の判決（最大判昭48・4・4刑集27巻3号265頁）。

⑤薬局開設を許可する条件として距離制限を設けた薬事法（現在、法律名は変わっている）の規定および同法に基づく条例の規定が憲法22条の保障する職業活動の自由を侵害するから無効であるとした1975年の判決（最大判昭50・4・30民集29巻4号572頁）。

⑥森林法の共有林分割制限規定が憲法29条に違反するとした1987年の判決（最大判昭62・4・22民集41巻3号408頁）。

⑦愛媛県知事が県護国神社や靖国神社に玉ぐし料などの名目で公金を支出した行為が憲法20条の政教分離原則に違反するとした1997年の判決（最大判平9・4・2民集51巻4号1673頁）、および、北海道砂川市がその所有する土地上の会館に空知太神社の祠を設置

するなどの行為を認めていたことが憲法89条の禁止する公の財産の利用提供に当たり、ひいては憲法20条の政教分離原則に違反するとした2010年の判決（最大判平22・1・20民集64巻1号1頁）。

⑧郵便法において、書留郵便物のうち特別送達郵便物について、国への損害賠償責任を免除、または制限している規定は憲法17条に違反し無効とした2002年の判決（最大判平14・9・11民集56巻7号1439頁）。

⑨公職選挙法附則8項の規定のうち、在外選挙制度の対象となる選挙を当分の間両議院の比例代表選出議員の選挙に限定する部分は、憲法15条1項および3項、43条1項ならびに44条1項ただし書に反するとした2005年の判決（最大判平17・9・14民集59巻7号2087頁）。

⑩民法900条4号ただし書が定める非嫡子の相続分は、憲法14条に違反するとした2013年の決定（最大決平25・9・4民集67巻6号1320頁）。

⑪女性に対し6ヶ月の再婚禁止期間を定める民法733条は、憲法14条に違反するとした2015年の判決（最大判平27・12・16〔民集未登載〕）。

⑫公職選挙法の定める衆議院議員の定数配分規定、あるいは、小選挙区の区割り規定を憲法14条などが求める投票価値の平等の要請に違反するとした一連の判決（最大判昭51・4・14民集30巻3号223頁、最大判昭60・7・17民集39巻5号1100頁、最大判平25・11・20〔民集未登載〕）。

最高裁は、今日までこれだけしか違憲の主張を認める判決を下

していない＊。これだけしか、という言い方は適切でない、と反論されるかもしれないが、違憲の主張をした訴訟の数と比較するかぎり、まことに少ない違憲判決だとしても決して誤りではないと思う。違憲の主張は、数多くあるけれども、最高裁はそれほどその主張を認めてくれないという事実の指摘はできる。したがって、憲法問題の解決を訴訟の形で行おうとしても、あまり望みどおりにはいかないといえるのである。

> ＊ もっとも、違憲の裁判を、法令を違憲と判断したものに限るか否かで、その数え方に差異が生じる。上記の列挙は、処分（裁判を含む）を違憲としたものも含めている。適用違憲の例は、最高裁判例にはない。

もっとも、訴訟を起こしたことからいろいろ波紋が生じる場合があるので、そのことも含めて観察すると、憲法訴訟の意義は少なくないとの指摘も可能である。それについては、後に説明しよう。

●**憲法訴訟による解決は容易でない**

どうやら、憲法問題の解決を訴訟の方法でしようとしても容易でない、との感じを強く与える説明をしてきてしまったようだ。その反面、憲法訴訟の道にはいろいろ難しい問題が存在していることは、知ってもらえたと思う。憲法学を学ぶにあたり、安易な気持で取り組んでもらっては困るということを訴えるのが、本書の目的の一つなのであるから、それを知ってもらえたことをもってよしとしなければならない。そこで、いままで述べてきたことを復習しつつ、憲法訴訟の道の構造を概略ながら描いておくことにしよう。

まず、憲法訴訟の入口がどうなっているか再度確認すると、訴

訟要件を満たして、裁判のルートに乗せなければならないという問題がある。たとえていえば、違憲の主張という食べ物を裁判所が受け取ってくれるような差し出し方をしなければならないのである。一目見て、生煮えであったり、未成熟であったり、差し出し人が適当でなかったりしたら、裁判所は、その食べ物を味わおうとせず、つっかえしてくる。それらのことは、学問上、事件性の要件、当事者適格、訴えの利益、成熟性などの議論として展開される。また、いかなる請求をして裁判所に認めてもらおうとするかによって、訴訟に対する実体判断が得られるか否かが決まってくるという問題もある。

次に、訴訟要件を充足して、裁判所が実体判断をする段階になっても、問題の性格にてらして、司法審査を回避する場合がある。統治行為論ないし政治問題の法理と学問上呼ばれる手法をはじめ、司法判断回避の手法を採る場合は、憲法問題を訴訟で解決する過程に横たわる大きな障壁ともいうべきものである。

さらに、裁判所の実体判断が得られるにしても、合憲判断が下されることの方が圧倒的に多く、違憲判断は、事件が最高裁判所にまで達したときはとくに、容易には得られない。また、合憲、違憲の結論がいずれであっても、判決の効力は、訴訟の当事者にしか及ばないことが原則となっているから、裁判所の示した結論が、社会における憲法問題の最終的解決とはならない。

これらのことに加えて、裁判には時間がかかりすぎ、現に問題となっていることの早急な解決には役立たない。対立の激しい憲法問題であれば、訴訟は、下級審の裁判所で終わることなく、最

高裁の最終的判断を求めることになるので、事件によっては10年余りの年数を費やすことがある。
　こういうわけで、訴訟による憲法問題の解決の道は、後にみるようにその意義は決して少なくないが、いくつかの難問に直面し、一定の限界もある。

第8章　政治過程における解決

●政治部門の判断に任されること　　憲法問題のなかには、たとえそれについて裁判所による法的な判断が可能であっても、そこに高度に政治的な性格がみとめられるとの理由で、司法審査の対象の外に置かれるものがあることを、前章で知った。そして、そのような問題の判断は誰がするのかというと、最高裁の判決によれば、それは、「主権者たる国民に対して政治的責任を負うところの政府、国会等の政治部門」であるという。そこで、政治部門において憲法問題が解決されるとはどのようなことなのか、ということを考えなければならない。

　なお、これから述べることは、ある憲法問題の解決について、それを司法に委ねるべきとか、政治部門に委ねるべきとかいうことを議論するものではないことを、断っておかなければならない。すでに例にあげた、衆議院の解散権問題や安保条約の合憲性の問題をはじめとするいくつかの個別の問題に対する解決の当否ないし解決方法の是非については、読者が憲法の講義を聴き、勉強を進める過程で、あるいは、マスコミ報道や論評に接する際に検討してもらいたい。ここでは、そうした検討の前にあらかじめ目配りしておくべき事項を示しておこうとしている。

　これまでの説明で明らかになっているように、政治部門とは、司法府以外の国の統治部門、すなわち、立法府や行政府のことをいっている。それらは、日本の政治のあり方を決定し、実施する

役割を担っており、また、そういう役割を果たすことについては、主として選挙を通じてではあるが、主権者である国民の支持、批判を受けることになっている。だから、政治部門の判断は、国民の意思につながっているとみることができる。先に引用した最高裁のことばが、「主権者たる国民に対して政治的責任を負うところの」政治部門といういい方をしているのは、そういうことを指している。つまり、政治部門の判断に委ね、政治部門の判断を尊重することは、国民の意思を尊重することになるから、国の政治のあり方を最終的に決定する権限が国民にあるという国民主権の原理にかなっていることになる。また、憲法が採用している議会制民主主義の原理にもかなっている。

　これに対し、司法府には、最高裁判所の裁判官に対する国民審査の場合以外に、国民の批判にさらされ、国民の意思をくみとり、国民に直接責任を負う制度が用意されていない。司法審査権の行使は、その意味で民主的でないといえそうである。最高裁が、高度に政治的な性格をもつ憲法問題について、政治部門の判断に任すといったのは、そういうことにも関係があると理解できそうである。しかし、それで割り切ってはならない。なぜなら、憲法問題は、多かれ少なかれ政治的性格をもち、また、違憲・合憲の議論が激しい問題ほど政治的性格が強いことがしばしばあり、そういう問題に司法審査権が行使されないとしたら、その制度を設けた意味がなくなるとも考えられるからである。

　　＊　司法審査と民主制の関係は、憲法学における重要で困難な検討テーマであり、アメリカでは、多くの論議が積み重ねられている。本書でも、次章でそれにか

かわる考察をしている。

このようにみてくると、憲法問題の判断を任された政治部門の役割とともに、司法権が持っている司法審査の制度について、憲法がそこにいかなる意味を与えているのかということを理解する必要が生じてくる。また同時に、政治部門の機能と、司法審査の機能とが相互に関連しあっており、切り離しては考えられないことにも注意を向けなければならない。

●高度に政治的な性格とは

前章で少し考えてみたことであるが、憲法9条にかかわる問題は、憲法の諸問題のうちでもっとも政治的性格を帯びている。安保条約や自衛隊が違憲である、いや合憲であるとの主張は、政治部門のなかで激しい対立をみせている。その激しい対立をみせている問題について、裁判所により決着をつけてもらおうとして、訴訟で違憲の主張がなされたのである。下級裁判所のなかには、安保条約や自衛隊をはっきり憲法違反とする判決を下したものもあるが、いずれも上級裁判所によって覆されている。その覆され方は、すでにわれわれがみたように、正面から合憲との結論を与えるのではなくて、政治部門の判断に任すということであった。すると、高度に政治的な性格の問題の決着は、どうなるのであろうか。

* 近年の安全保障体制をめぐる論議について、大いに関心を抱いている読者は少なくないと思われるが、次章の最後の箇所でふれている。

政治部門、つまり国会は、合憲・違憲の議論をしたうえで安保条約の承認をし、また、自衛隊の設置、維持に関する諸法律を制定したはずである。すると、国会におけるそれら条約の承認、法

制定の行為は、合憲であるとの意見が多数を占めた結果を示し、裁判所がそれを否定しなかったのであるから、結局、合憲ということになったのであろうか。ここのところが、高度に政治的な性格ゆえに審査の対象外とされた憲法問題について考えなければならない重要なポイントである。

政治部門の判断は、どのような性格をもっているだろうか。裁判所の判断は、いうまでもなく法的判断であり、法的効力をもつ。それに対して政治部門の判断がそれと同じ意味とはなりえないことは、容易に気が付くと思う。もし、同じであったら両者のどちらに従えばよいかという問題が生じるし、裁判所が法的紛争を処理する役割を与えられていることの意味がなくなってしまうからである。そこで、政治部門の判断は、法的に最終的な決着をつけるという司法部の行う判断とは異なる性格をもつものだと受け取らざるを得ない。そこで、安保条約にせよ、自衛隊にせよ、政治部門が合憲と判断して決定したことは、一応そういうものとして、政治や行政が行われてよい、最終的決着は、政治過程のなかでいずれなされればよい、といった意味として理解するのが適当であるということになる。

そのような不安定な憲法問題の処理は、理解できないと感じられるかもしれない。しかし、これが現実であり、すでに前にもふれたことだが、すべての人が承服できるような解決ないし解答が得られるものだと思い込んではならないのである。

ところで、衆議院の解散問題について、最高裁判所が高度に政治的な性格だとして法的な最終決着をつけることを回避したのち、

政治部門ではどのようになったのか示しておこう。その問題は、要するに、内閣の解散権の行使が、憲法69条による場合に限られるのかどうかということであるが、1955年の第4回解散以後、69条の場合に限られないとする政治慣行が確立している。このような政治慣行の確立は、政治過程における憲法問題の解決の仕方の一つの側面として知ってもらいたい。

こういうわけで、繰り返して強調しておくが、高度に政治的な性格をもつとして、裁判所が憲法判断を回避する問題は、合憲であるとの一応の了解のもとにおかれているのであって、法的な決着が完全についているわけではない。憲法問題を政治過程において解決するという場合、そのような流動性の存在をまず認めなければならない。そして、政治慣行が確立することによって、その流動性が固まることもある。

●訴訟と判決に促された政治部門の対応

さて、司法過程との関連で、政治部門はどのように憲法にかかわる問題を処理していくのであろうか。その様子を、主要なものに限らざるを得ないが、例をあげて示しておくことにする。

まず、憲法問題を含む訴訟が提起され、また、下級裁判所の判決が下される過程で、政治部門がそれに対応した処置をすることがある。その例を社会福祉行政について争った二つの事件との関係でみることにする。

その一つは、単身で無収入のため生活保護法による医療扶助と生活扶助（最高月額600円の日用品費）を受けていた者が、厚生大臣（当時）の設定した生活保護基準が低すぎて、憲法25条の保障

する最低限度の生活を維持するのに足りない違法なものだとして起こした訴訟（原告の名をとって「朝日訴訟」と呼ばれている）の場合である。1960年に、第一審の裁判所は、そのような生活保護基準が憲法25条の趣旨を満たさない違法なものだとの判決を下した。これに対し、行政庁は、第一審判決ののち、生活保護行政の改善に努力するようになり、判決の翌年の1961年4月には、それまで小幅な引上げしかしなかった生活保護基準について、18％の引上げをなし、とくに日用品費については48％の引上げ、すなわち、前年度の705円から1,035円とした。

＊　東京地判昭35・10・19行裁例集11巻10号2921頁。

他は、「堀木訴訟」と呼ばれる訴訟の場合である。その訴訟では、視力障害者であり国民年金法による障害福祉年金を受けている女性が、そのこどものために児童扶養手当法に基づく児童扶養手当の支給を受けようとしたところ、児童扶養手当と他の公的年金との併給を禁止している児童扶養手当法の規定を根拠に支給が拒否されたため、その規定は憲法14条、25条に違反すると争った。これに対して、第一審の裁判所は、1972年に、その違憲の主張を認める判決を下したのであるが、国会は、その第一審判決をうけて、翌年に、児童扶養手当法の併給禁止規定を改正し、その訴訟の原告のような境遇にある者に児童扶養手当を支給できるようにした。

＊　神戸地判昭47・9・20行裁例集23巻8・9号711頁。

これら二つの訴訟は、最高裁判所に至ったとき第一審判決のような違憲判決を得たわけではない。しかし、その訴訟が契機とな

第8章　政治過程における解決　　*137*

って、国の福祉行政は、より積極的に実情に対応しようとする姿勢をとるようになったし、訴訟が指摘した福祉制度の矛盾を解消する政治部門の対応を生んだ。

　　＊　最大判昭42・5・24民集21巻5号1043頁、最大判昭57・7・7民集36巻7号1235頁。

このような例は、上記とは別の領域においてもみられる。それは、すでに言及した津地鎮祭事件の訴訟の過程においてであるが、第二審裁判所が違憲判決を下したことを受けて、中央官庁は、全国の行政機関に通達を送り、以後国および自治体の行政機関が主催する形の地鎮祭を行わないように指令した。その結果、その訴訟の原告が指摘した、政教分離原則に違反する地鎮祭が挙行されることはなくなったのである。もっとも、最高裁が合憲判決を下したため、事情は変わってしまったが。

　　＊　最大判昭52・7・13民集31巻4号533頁。その第二審判決は、名古屋高判昭46・5・14行裁例集22巻5号680頁。

さて、最後に、最高裁の違憲判決に対し政治部門がどう対応したかということに関心を向けよう。最高裁による違憲判決の例はすでに示したが、まず、旧刑法200条を違憲とした場合については、本書の第6章でみたとおり、国会は、長年月を経たうえだが、その条文のみならず、尊属に対する犯罪の刑加重規定をすべて削除した。これに対して、他の、違憲判決については、次のように(それぞれのカッコ内は、第7章であげた12の例の番号を指す)、国会の迅速な対応をみることができる。すなわち、第三者所有物の没収を違憲とした判決(②)に対して、国会は、判決の翌年の1963

年に、「刑事事件における第三者所有物の没収手続に関する応急措置法」を制定して、最高裁判決の趣旨に従った解決をした。旧薬事法の距離制限規定違憲判決（⑤）については、国会は、判決と同じ年に、同法の関係規定を削除する改正案を成立させている。森林法の共有林分割制限規定違憲判決（⑥）については、判決から2ケ月も経たないうちに、国会で、当該森林法の規定を削除する改正がなされた。郵便法違憲判決（⑧）については、当該規定を修正し、改正する対応が判決後3ケ月内になされた。在外日本人選挙権制限規定違憲判決（⑨）については、判決の翌年に公職選挙法の改正がなされ、当該規定は削除された。これらの例は、最高裁判決に政治部門が迅速に対応することによって、憲法上の問題に決着がつけられた場合である。

　ところが、投票価値の平等の実現をめぐる問題については、政治部門の対応がきわめて鈍い。それがどのような具合であるか、もう少しあとで述べることにしている。

●国会の憲法論議　政治部門においてどのような憲法論議が展開されているのであろうか。そのことを知ろうとしても、裁判における憲法論議を判例においてみるようには簡単にはいかない。国会については、膨大な会議録にあたり調べなければならないし、内閣・政府については、国会において示される見解はともかく、その内部でいかなる議論をしているのか知ろうとしても、そもそも秘密にされていることもあり、まことに困難である。

　そこで、日本国憲法の制定以来、国会において交わされた憲法

論議を会議録のなかから抽出して編集した書によって、だいぶ以前のものであるが論議の例を見ることにする。すると、まず気が付くことは、憲法の条文別でいえば、9条に関する論議が一番多いことである。そして、政府が9条の解釈について、時の経過とともに次第にその内容を変えてきているという、すでによく指摘されていることがそこで確認できる。それを見ると、どうも国会における憲法論議が何か決定的な解答を与えることはなさそうである。一つの具体例をあげることにしよう。

* 山内一夫＝浅野一郎編『国会の憲法論議』(1984年・ぎょうせい)。現在は、刊行されていない。

憲法9条のもとで、核兵器の保持が可能か否か議論され、政府は、よく知られているように、「非核三原則」を宣言している。そして、衆議院は、1971年11月24日に、沖縄米軍基地に関して次のような決議をしている。

「政府は、核兵器を持たず、作らず、持ち込まさずの非核三原則を遵守するとともに、沖縄返還時に適切なる手段をもって、核が沖縄に存在しないこと、ならびに返還後も核を持ち込ませないことを明らかにする措置をとるべきである。」(国会の憲法論議、506頁)

では、この決議で沖縄には核兵器が絶対存在しないことになったであろうか。確定的証拠とはいえないかもしれないが、野党はしばしば核兵器の不存在を疑わしめる事実を指摘して、政府を追求している。人によっては、沖縄に核兵器が置かれていることは、

周知の事実だともいう。こういうわけで、国会で決議までしたことについても、その意味は流動的であり、決定的とはいえないようである。

　もう一つ、別の条文についての例をあげよう。それは、われわれがすでに第Ⅱ部のところで考察の対象とした、刑法200条が憲法14条に違反しないか、という問題にかかわるものである。すなわち、日本国憲法が施行されて間もない1947年8月7日の衆議院司法委員会において、一人の議員が、次のような趣旨の質問をした。

　　新しい憲法の誕生に伴う刑法の改正案をみると、「皇室に対する罪」の条文が削除されており、天皇等に対して「仮に殺害申したという場合」には199条の殺人罪の規定が当たると思われるが、他方、尊属殺の規定は削除されていない。どうも両者の「釣合い上いかがなものであるか、……何だか我々の観念では頗る奇異な感がいたすのですが、その点御見解を伺いたいと思います。」

これに対して政府委員は次のように答えている。

　　御指摘になったことは、「御尤もな御意見だと存ずるのでありますが、『皇室に対する罪』を削除いたしましたのは、……新憲法の精神に照らしまして、天皇個人の面におきまして、個人平等の思想に基くその考えからいたしまして、削除いたしたのでございます。いわゆるこの尊属に対する罪は、特定の個人を対象にして、特にこれを重く保護しようというのではないのでありまして、我が国におけるところの長上敬愛の国民感情を基礎といたしまし

て、一般的に尊属に対する殺傷の罪を重くすると、こういう趣旨であると考えております。従いまして、この憲法に明らかにされておりまする個人平等の思想に、この規定に反するものではない、かように考えまして、特にこの規定を存置した次第でございます。」(国会の憲法論議、971〜972頁)

　質問者は、この答弁に満足したかどうか、そのあとのやりとりが記されていないので分からないが、おそらく「よく理解できました」とは言わなかったと思われる。どうも、その政府委員の答弁は苦しい説明になっており、私には説得力がないように感じられるが、読者の皆さんはいかがであろうか。とにかく、われわれが知っているように、その質問者がついた矛盾は、やがて、26年後に最高裁判決を得、48年後には国会がこれを削除する改正をして、解消された。

　さて、そのように国会において論議をしたことが、また、論議をしたうえで決議までしたことがどのような意味をもたらすのか考えてもらいたい。政府側がある憲法の規定や問題についてこれこれの意味であると理解していると答弁したことが、直ちに何かの法的拘束力をもたらすわけではない。ここでも、政治部門で憲法問題が解決されているとはっきり認めることはできないのである。少なくとも、解決したといえるためには、法的な処置が必要であるといわなければならないのではないだろうか。法律の形で示されなければならない。それでは、法律の制定という形で国会は、解決すべき問題に敏感に対応しているだろうか。

●対応の鈍い政治部門　　政治部門が、訴訟や判決に促されるという形をとるにせよ、とにかく憲法問題に対処し、何らかの解決をすることができるのならば、違憲の主張者は満足を得ることができる。しかし、わが国の政治部門においては、最高裁が違憲の判断を下した場合に関する若干の例を除いて、それほど敏感かつ迅速な対応がみられないとの指摘がなされ、そこに憲法問題の解決に障害をみることができる。たとえば、団藤重光元最高裁裁判官は、次のように述べている。

> ドイツの立法府は、「現行法制に何かの欠点がみつかると、それを立法的に解決するという方向に、非常に敏感に動いています。日本ではなかなかそうはいかない。なにか国益に関するようなことであるとか、あるいは言葉は悪いですけれども、ある一つの政党に都合のいい、あるいは都合の悪いようなことであるとかでありますと、これは比較的早く反応いたしますが、そうでもない限り、日本の政府、あるいは日本の国会というものは、なかなか法の改正に向かっては動いてこない。そういう反応が非常に緩慢であります。ある場合にはむしろ怠慢であります。もう少しちゃんとやらなければならないようなときでも、なかなかちゃんとやらない。」（団藤重光「現代社会における判例の任務」法学教室42号8頁（1984年））

このように、わが国の立法府がその立法機能を十分発揮していないとの指摘は、他にも多くの論者によりしばしばなされてきた。ただ、最高裁判所の裁判官であった人がこのように国会の怠慢を強く指摘していることは、大いに注目しなければならない。また、

国会に法律案を提出するのは、大変高い率で、議員よりも内閣である現状にてらすと、そのような批判は、内閣にも向けられているということができる。したがって、政治部門は、社会で論議されている憲法問題の解決に向けて敏感に対応しているとの評価を得ていないわけである。おそらく、そういう評価を下す論者をみつけだすことは困難である。

こうした論議をもっともよくあらわしているのが、投票価値の平等の実現をめぐる問題である。それは、人口の変動の結果、選挙区の間で選挙人の投票価値に不平等な扱いが生じていることを問題とするものである。その問題をもう少し具体的に示そう。

衆議院議員の選挙についてみると、1994年の政治改革以前の公職選挙法の終わりの部分には、総議員数511名を選挙区ごとに配分（それを議員定数配分という）した表（別表一）が定められていた。その議員定数配分は、当初人口数に比例させて定められたのであるが、人口の移動により、たとえば、Aの選挙区において、議員一人あたりの有権者数が394,950で、その値がもっとも小さいBの選挙区で79,172となっていたとする。つまり、両者の間の比率が4.99対1となっており、Aの選挙区の選挙人の一票の価値は、Bのそれと比べ約5分の1しかないことになる。これを不平等だとして争ったのが、議員定数配分不均衡訴訟といわれているものである。

* 1994年のいわゆる政治改革法によって、公職選挙法の定める衆議院議員の選挙制度は、小選挙区比例代表並立制となった。そこで、従来の議員定数配分不均衡問題は、一人の代表を選出する各選挙区（小選挙区という）間の選挙人の数の不均衡のことをいい、これを是正するためには、選挙区の区割り（境界線

の引き方)を変えなければならない。そこで、これを選挙区割再編成問題と呼ぶのが適切である。

最高裁判所は、1976年の判決で、この例のような5対1の開きが示す選挙人の投票価値の不平等は、「一般的に合理性を有するものとはとうてい考えられない程度に達しているばかりでなく、これを更に超えるに至っているものというほかはなく、これを正当化すべき特段の理由をどこにも見出すことができない」として、憲法違反との判断を下した。ただし、判決は、憲法に違反する議員定数配分規定に基づいて行われた点を違法であるとするにとどめ、行われた選挙を無効とはしなかった。そういう判決(それを事情判決という)を下した理由は、過去の選挙を無効にすると、その選挙で議員となった者によって構成された衆議院が判決時までに行った法制定などの行為すべてについて無かったことになり、国政上大変な事態が生じるからである。その判決には、事情判決の手法をはじめいくつかの問題点があるが、その考察は、勉強を進めるなかで行っていただくことにして、ここでは、その判決の後、国会が積極的に定数配分規定の是正を行わず、1985年になって、再度、最高裁が衆議院の議員定数配分規定を違憲とする判断を示したことに注目しよう。つまり、この問題に対して、国会は、まことに鈍い対応、いや、ほとんど対応らしいことをしないままに過ぎていたのである。

 * 　最大判昭51・4・14民集30巻3号223頁。
 ** 　最大判昭60・7・17民集39巻5号1100頁。

議員定数配分不均衡問題は、前述したように、小選挙区比例代

表並立制が導入され、選挙区割再編成問題という性格に変わっても、政治部門の対応は依然として鈍く、最高裁判所は、違憲状態という素直な理解がむずかしい判断手法を打ち出して、投票価値の平等の実現をもとめる訴えに対処している＊。

* 最大判平27・11・20〔民集未登載〕。なお、衆議院議員および参議院議員の選挙のたびごとに、日本の各地で投票価値の平等の実現をもとめる訴えが提起され、最高裁判所大法廷は、それに応えている（ここではそれに立ち入る必要がないので判例名は省略する）。

なぜ、国会の対応が生まれないのであろうか。その要因は、簡単に語ることはできないほど、多岐にわたっている。しかし、投票価値の平等の実現という議会制民主主義の根幹にかかわる憲法問題が迅速に解決されない状態を生んでいるのは、政治部門の国会だけが責めを負うことではないとの指摘だけはしておきたい。すなわち、司法についても、政治部門に迅速な対応を求めるような姿勢をもたなかったり、選挙人に対する救済方法が不十分であったりする点がみられるからである。そこには、一つの憲法問題が、三権の間の相互作用によって解決されなければならない典型的な例を認めることができる。

●**政治過程における憲法論議
――大改革の時代**　政治過程における憲法問題の解決といっても、解決というにあたいするほどのはっきりした結論が生み出される事例は、そんなに多くみられないのだ――そのようなことをおおよそ理解していただけたと思う。また、国会や内閣の政治部門において、憲法問題がどのように扱われ、憲法論議がどのような具合に展開されるのかということについて、少しは感触を得てもらえたと思う。た

だし、政治過程における憲法問題のあらわれ方、扱われ方がそれですべてであるとしてはならない。他に、政党が政治過程でいかなる憲法論議を展開するのかについて注目せねばならないし、地方自治体における憲法論議の動向についても関心を向ける必要がある。

　政党の活動や地方自治体の動向との関連で、憲法問題がどのように解決されるのかということは、読者の今後の勉学における一つの課題としておき、ここでは、その課題の検討にあたり、是非注視しておく必要のある近年の状況について、その概略を指摘しておくことにする。

　それは、一言でいえば大改革の時代＊の到来ということである。前述したように、政治部門は、憲法秩序の形成において積極的な役割を果たしてきているとは言いがたい。投票価値の平等の実現の問題の例に見るように、司法から投げかけられた違憲状態の解消の課題に対し、迅速、的確な対応をすることができなかった。このことが、国民の代表を議会に送り、その代表が国政のあり方を決定するという民主主義の政治過程に多くの病理現象を生む一因となっていた。そこで、まず選挙制度を抜本的に改革する政治改革が提起された＊＊。これが先に触れているように、1994（平成6）年の政治改革法の成立により登場した小選挙区比例代表並立制という衆議院議員選出のための新制度である。この新選挙制度と国の内外の政治状況の変化とによって、政党の再編成が進み、憲法秩序の形成の様相も変わってきている。

　＊　平成の大改革とも呼ばれるので、以下では平成の年号も併記する。

＊＊　このこと自体は、日本国憲法のもとでの憲法秩序の形成が民主政治によって健全に展開されていることの証拠であるといってよい。

　政治改革とともに、行政改革がなされたことも大改革の主要な内容である。まず、2001（平成13）年の初頭に、日本国憲法施行後になされて以来、半世紀ぶりの国の行政組織の再編成がなされた。これは、中央省庁等改革基本法1条が定めるように、「行政改革会議の最終報告の趣旨にのっとって行われる内閣機能の強化、国の行政機関の再編成並びに国の行政組織並びに国の事務及び事業の減量、効率化等の改革」をなすものであった。これを契機に、憲法訴訟に登場する国の省庁名が変わっただけでなく、従来国の機関が行っていた事務や事業の多くが独立法人や民間に移された。この年に、国の情報公開制度が発足していることも関係深い。また、これに先立つ1994（平成6）年に制定された行政手続法や、2004（平成16）年になされた行政事件訴訟法の42年ぶりの改正は、行政権と国民との関係に大きな変化をもたらしている。

　さらに、1995（平成7）年の地方分権推進委員会の設置と2000（平成12）年の新自治法の施行により、地方自治は、日本国憲法施行に伴い行われた改革につぐ大改革の波を受けることとなった。今日では、日本国憲法第8章に定める地方自治の内容は、この大改革の内容とその進行度合いを抜きにして語ることはできない。

　以上のような政治部門における改革につづいて、司法制度改革が開始された。すでに言及した2004（平成16）年発足の法科大学院は、法曹人口の増加を目指すもので、この司法制度改革の主要

な内容の一つであった。司法制度改革は、その性格上、最高裁判所を中心とした司法権の担い手自身による推進が憲法の理念にかなうが、国民の権利や利益に強いかかわりをもつものについては、当然法律の制定を必要とする。そこで、政治部門において、多くの法律の制定が試みられ、新たな法制度が成立している。ただし、気がかりなのは、法律を制定し、新たな制度を設ける過程で、憲法論議がよくなされているかどうかということである。どうやら、このことについては、先に述べた従来の傾向が依然としてつづいているといってよい。たとえば、裁判員制度は、日本の国民にとって裁判への関わり合いを求められる大改革であるが、その制度を定めた2004（平成16）年成立の「裁判員の参加する刑事裁判に関する法律」が国会で審議されたとき、当然触れなければならない憲法上の問題点について、ほとんど論議された形跡がない。また、同年の行政事件訴訟法の改正にあたっても、憲法訴訟がどうかかわるのかについて議論されていないし、同法のなかに憲法ということばさえ登場していない。これらのことが、今後、いかなる問題として浮かび上がってくるのか、注目していく必要があるようだ。

＊　ところが、10年余を経て、その制度の定着、発展をみせていない状態であり、その原因がどこにあるのかについての究明が求められる。
＊＊　最高裁は、この法律が違憲とする訴訟を斥けている。最大判平23・11・16刑集65巻8号1285頁参照。

このように、21世紀に入ってから急速に展開している大改革のことを視野に入れないで、憲法問題を考えることはできない状況となっている。繰り返しになるが、憲法問題は、憲法の規定のみ

を対象として考えていたら、問題の把握をしたことにはならない。日本国憲法のもとに存在する法制度との関連で考察しなければならないのである。それ故、大改革の概略を描いてみたが、読者には、その内容を的確に把握する努力を望んで止まない。

　　　　　＊　　＊　　＊　　＊　　＊　　＊

　少々気持ちが高ぶった議論となってきたようである。憲法のことを考えたり、観察したりするのに、そのような姿勢は適当でないと、私は常々思っている。冷静に、広い心をもって行わなければならないと思っている。
　そこで、改めて、憲法問題の解決ということに関して、他に目を向けるところはどこかということを冷静に考えてみると、次のことに思い当たる。すなわち、ある法制度の新設や改正の動向のなかで無視できないのは、社会におけるさまざまな団体がその法案に対して、反対・賛成の意見を表明していることである。もちろん、団体だけでなく、市民個人もなにがしかの意見をもち、新聞紙上に投書をしたり、インターネット上のウェブサイトに意見を書き込んだり、さらに、国会が公聴会を設ければそれに出席して、自分の考えを明らかにしたりする。近年では、新制度を用意する行政機関は、いわゆるパブコメ（パブリック・コメント）を求めるのが通例となっている。そして、このような場面は、しばしば国民の声の聴取としてとらえられる。憲法問題の解決については、当然、司法部門と政治部門だけでなく、国民が関係してく

るのである。そこで、章をあらためて国民が憲法問題の解決にかかわるところを考察することにする。

第9章 国民と憲法

●憲法に登場する国民　　日本国憲法の前文は、「日本国民は、……この憲法を確定する」との文で始まっており、以下どの段落も、「日本国民」ないし「われら」が主語になっている。また、第三章の人権保障の部分には各所に「国民」がみられる。このように、国民ということばは、憲法のなかにしばしば登場するし、憲法をめぐる議論においてもしきりに言及される。それは、他の法律にはみられない特徴である。

　国民と憲法が相互に密接な関係をもっている理由をあげると、憲法は、国民と国との関係を規律する法であること、国や国の機関に国民が権力を与え、与えた権力の制限をすることが憲法の目的となっていること、国民の合意のもとに憲法が制定され、制定された憲法の運命も最終的に国民の意思にかかっていること、などである。

　ところで、憲法の条文のなかにみられ、また、憲法論議の際に言及される国民は、一義的とはいえず、多様な意味で登場するようである。そのことは、通常、憲法の概説書に説明されている。たとえば、宮沢俊義『憲法〔改訂版〕』(1962年・有斐閣)では、「属人的に（言いかえれば、その所在地に関係なく）、原則として、一定の国法の支配を受ける人間をその国民と呼ぶ」との定義づけのもとに、国民の国法に対する関係によって国民の態様を五つに整理している (84〜87頁)。また、清宮四郎『憲法Ⅰ〔第三版〕』(1979

年・有斐閣）では、国家の構成員または所属員としての国民、主権の保持者としての国民、憲法上の機関としての国民という三つの分類をして、説明がなされている（121～134頁）。他の概説書も、これらと大きく異なるわけではない。そこで、国民とは何かという議論は、そうした概説書や教科書の説明を参照していただくことにして、われわれは、各人それぞれがとらえている国民の観念のままで、前章からの関心点に考察を進めていくことにしよう。すなわち、憲法問題の解決という場面に、司法府や政治部門とは別に、国民がどのようにかかわっているのかという問題がそれである。

●**ペンディングの状態におかれた憲法問題**　われわれは、前述したところで、裁判所が憲法問題に対する法的判断を回避することがあることを知った。その際、その種の憲法問題は、最終的には国民の判断に委ねられることになっているとの意味が込められていることも知った。念のため、その判決理由の箇所をもう一度引用しよう。すなわち、そうした問題の「判断は主権者たる国民に対して政治的責任を負うところの政府、国会等の政治部門の判断に委され、最終的には国民の政治判断に委ねられているものと解すべきである。」

そこで、最終的に国民の判断に委ねられるとは、どういうことなのか考えなければならない。考える材料として、そのことがもっともよく議論された例を示そう。

それは、北海道の恵庭という所で起きた事件である。その地で牧場を経営している兄弟が、隣接地域で行われていた自衛隊の射

撃演習に対して、事前の連絡もなしに行われたことを抗議したところ続行されたので、着弾地点との連絡用の電話線を数カ所切断した。そこで、両人は、自衛隊法121条違反に問われ、起訴された。裁判で、その被告人の兄弟らは、そもそも自衛隊法および自衛隊が憲法9条、憲法前文等に違反して無効であるから無罪だと主張した。これに対して、1967年に第一審の札幌地方裁判所は、切断された電話線が自衛隊法121条にいう「その他防衛の用に供する物」にあたらない、つまり、被告人が同法違反の行為をしていないとして、無罪と判決した。そして、そのように事件が解決されたから、憲法違反かどうかの判断をする必要がなく、また、判断をおこなうべきでもない、とした。

そこで、この憲法判断を回避した判決をめぐっていろいろ議論が展開されることとなった。注目すべきことは、裁判所が、自衛隊法や自衛隊について、違憲とも合憲ともいわなかったことである。もちろん、われわれがすでにみた裁判例のように、憲法判断は最終的に国民の判断に委ねられるともいわなかった。しかし、この判決を分析した憲法学者のなかには、それと同様の意味に理解する者がいた。いや、私のみるところでは、そういう理解が有力であった。たとえば、法律雑誌の座談会において、次のような発言がみられる。

「現在この判決をわれわれとしてどう受け取るべきかという問題になりますと、この判決が確定すれば〔その後、検察はこの事件を上訴しなかったので、判決は確定した＝筆者〕、自衛隊の合

憲性、これが一応ペンディングの状態に置かれるということ、つまり憲法9条の平和主義の理念が、なお今後もそのまま存続させられるという側面があること、その点をやはり重要な面として評価すべきではないかと思います」

「憲法の平和主義が、自衛隊の合憲性が確定せず違憲判決の可能性があるというペンディングな状態で、一応守られたということを評価します」

「これによって憲法9条のもとで自衛隊が適合しているかどうかという基本の問題は、まったく未決定のまま残され、これからの国民の論議の上にのせられるということになりました」

（「研究会・恵庭裁判の検討」ジュリスト370号51、52頁（1967年））

つまり、これらの見解は、自衛隊が合憲か違憲かの問題は、ペンディング、すなわち、どっちつかずの状態におかれたということである。別の言い方をすれば、最後の発言者もいうとおり、「これからの国民の論議」に問題の決着が委ねられたという意味にとられたわけである。

それでは、その判決から数えてすでに約50年が経っている今日までに、国民が最終的判断をしたであろうか。それとも依然としてペンディングの状態におかれているというべきであろうか。少なくとも、憲法の番人である最高裁判所は、自衛隊についての合憲性の判断を下していないのであるから、法的な最終判断は存在していないといえる。

そこで、憲法問題がペンディングの状態におかれているという

ことは、結局、国民が政治過程を通して決着をつけることを意味
していると説明できるにしても、さらに押し進めて考えてみると、
明確な答えをだすのは後にしよう、ということと同じではないか
と思われてくる。宮沢俊義は、上に参照した法律雑誌においてそ
の判決を論評し、判決がもたらした意味を「時をかせぐ」ことだ
と説明している。その表現をかりていえば、問題を国民の最終的
判断に委ねるというのは、「時をかせぐ」ことをいっているのだ
と理解できそうである。国民と憲法との関係は、このような具合
にあらわれる場合もあると思ってよさそうである。

●社会における自律的解決　　前に、中学校の丸刈り頭髪規則を
争った事件に対する判決に言及し
たが、その際、そこで問題とされたことについては、別の解決方
法をとる余地があることを示唆した。それがどのようなことなの
か、ここで考えてみよう。

まず、その判決の翌日の新聞が次のようなコメントをしている
ので、それに注目しよう。

「判決はあくまで司法という土俵の上で、一中学校の校則が現
行法体系に照らして違法かどうかだけを判断したにすぎない。も
う一つの、教育という土俵での判断は全く別でなければならない
と思う。教育の目的と深いかかわりを持つ校則についての議論は、
本来教育の場でもっと尽くされるべきものだろう。裁判に勝った、
負けたですむことではあるまい。」(「今日の問題」朝日新聞1985
年11月4日夕刊)

このコメントは、すでにわれわれが検討し、理解してきたことと同じ基盤に立って述べられている。すなわち、ある憲法問題の解決といっても、裁判所による法的な解決がすべてではない、ということがそれである。政治部門における解決についてはすでにみたのであるが、ここに指摘されているように、社会における自律的解決の道もある。「社会における」といっても、それは、いろいろな場面におけることを指すはずであり、単純にとらえてはならない。

　まず、上の例との関係でみれば、教育の場といっても、小学校から大学までの教育段階の違いや、児童、生徒、学生、教師、職員といった構成員の違いに応じて、問題の対処の仕方が異なる。大学の場合は、大学の自治や学生の自治との関連で議論されることがある。そこでは、市民生活の場とは観点を変えて、たとえば、ビラ貼り、ビラ配り、立て看板の設置、集会の開催といった行為に対して、別な対処がなされなければならないのではないか。

　企業の場合はどうか。企業イメージを害する服装で出社することを禁じること、女性に対し雇用を制限し、職種、昇任、退職について男性と区別した規則を作ることなどは、憲法問題として訴訟で争うよりも、企業内部の自律的解決に委ねられるべきことであろうか。

　日常の社会生活のなかでも、たとえば、町内会が青少年の健全な育成のために、有害図書やアルコールの自動販売機の撤去を押し進めること、あるいは、良好な住宅環境を維持するため、近隣にパチンコ店やゲームセンターが開店するのを阻止することなど

は、自律的解決として尊重してよいだろうか。

　国家権力の介入を排除するために、社会で自主的に問題に対処する組織を作る場合もある。映倫（映画倫理規程管理委員会）は、映画倫理規程を制定し、映画倫理の自主規制を行っているし、新聞の場合は、日本新聞協会を設立し、新聞倫理綱領を制定、放送の場合は、日本放送協会国内番組基準、日本民間放送連盟放送基準が制定され、さらに放送倫理・番組向上機構（BPO）が存在するといった具合である。それらの内容をみると、日本国憲法の尊重、人権の尊重といったことがうたわれているが、十分満足のゆく成果があげられているだろうか。

　このような若干の例をみて気がついたと思われるが、社会における自律的解決といっても、それぞれがかかわる問題に対して、むしろ自律的対応をしているといった方が適切かもしれない。自律的対応の過程で、むしろ困った憲法問題が生ずることだってある。自主的な規制を強めれば強めるほど、個人の自由が制約される結果を生むからである。したがって、社会における自律的対応は常に正しいわけではない。そこで、正しい対応が生まれるためには、一つ重要な要素が求められる。それは、それぞれの社会の構成員がいかなる憲法意識をもっているかということである。

　社会に生ずる問題の解決は、国民の憲法意識によって左右されるといわれることがある。この場合の国民とは、社会のいろいろな場面に関わり合いをもつ人、その場面を構成している人々のことをいう。そういう人達が、憲法で保障する人権のことをよく認識していれば、問題の解決や対応によい結果や成果が生まれるで

あろう。

●憲法訴訟のインパクト　ところで、ちょうど政治部門が訴訟や判決に促されて憲法問題に対応するように、ある憲法訴訟の提起が契機となって、社会における憲法問題の対応が促進されることがある。それは、ある意味で、憲法訴訟の教育的効果と呼べるものである。たとえば、日曜授業参観のことが争われたと報道されると、裁判所が憲法違反だとの判断を下すこととは関係なく、日曜日を避け、土曜日を授業参観日にあてるという措置がとられたなら、それは、訴訟がもたらしたインパクトであるといえる。学校側は、訴訟の提起に衝撃を受け、そのような対応措置をとったならば、訴訟を起こしたことの意味があったとの評価を下すことができる。このようなことが社会の人々の間に生じる場合、すなわち、訴訟による憲法問題の提起が、国民の間に憲法意識を喚起する作用をもつ場合に注意を向けてみよう。

　実際、憲法訴訟のなかには、裁判所による憲法判断を得たり、憲法上の救済を求めたりすることに加えて、そのようなことを狙って提起されることがある。あるいは、一見して、訴訟の提起をしても裁判所から満足のゆく結果が得られそうもない場合でも、国民の間に、つまり、社会に対して、憲法問題の存在を知らしめ、国民の注意を引きつける効果を生むことの方を求めて訴訟が遂行される場合もある。確かに、社会における少数派にとっては、政治過程を通して自己の主張を国の政策決定に反映させることは難しい。今日の議会政治においては、政党政治が支配しており、議

会での決定は、多数党の意思の反映である。そこで、裁判に訴えることによって、政治過程で果たせないことをある程度実現させようとする傾向がみられるのである。

憲法訴訟をそのように利用することに対しては、いろいろ議論のあるところであるし、また、憲法訴訟をそういう側面からみることに疑問をもつ立場もある。しかし、社会福祉訴訟のように、国の福祉行政に不満をもち、矛盾を感じた人が訴えを起こしたため、その訴訟がマスコミやインターネットを通して社会に伝達され、同じような境遇にある人が問題の認識を深める場合があることは事実として否定できない。また、教科書検定問題を争う訴訟のように、教科書の内容がいかなるものであるべきか、誰がその内容を決定すべきかということをはじめ、学校教育のあり方に至るまで広く社会に論議を引き起こした例もある。あるいは、自衛隊を違憲だとする訴訟の場合も、憲法9条に対する国民の意識を少なからず喚起したということができるだろう。

こういうわけで、訴訟を媒介として、国民が憲法とのかかわりを意識し、憲法感覚を深める場合も考察の対象に入れてよいと思われる。

●なぜ、「国民」に最終的判断を委ねるのか

ここで、憲法問題の最終的判断を国民に委ねるということに話を戻そう。それについてまだ考えていない点は、どうして国民に委ねるのか、ということである。この問いに対する答えもいろいろあると思われる。

一つの答えはすでに得ている。すなわち、国民の判断に委ねる

ということにして、最終的決着のための「時をかせぐ」というのがそれである。それは、多分に実践的な意味がこめられている。というのは、その見解を示した論者は、次の考え方に基づいているからである。

　「自衛隊は、憲法第9条に反すると思う。しかし、国会の多数が、そうは考えず、自衛隊法を成立させ、それにもとづいて、自衛隊という名の軍隊が現に堂々と存在し、しかも、そういう国会・行政体制が何回もの選挙で、つねに選挙民の多数の支持をかち得ていることは、事実である。この事実に照応して、自衛隊合憲説を唱える人も決して少なくない。憲法9条の改正論は、今までのところ、国会両院で3分の2を制するほどには至っていないが、通常の多数決による自衛隊法その他再軍備関係の法律は、国会をどしどし通過するような状態が現実である。そして、裁判所によるこの点の判断を求めても、合憲の判断がなされる公算と違憲の判断がなされる公算とのどちらが大きいか、正確には、測定できないとしても、最高裁での最終判断に関するかぎり、違憲の判断がなされる公算は、ごく小さい。こういう現実の諸条件を背景に考えると、この点についての裁判所の確定的な判断を急いで求めることが、現在望ましい、とはいえない。」（宮沢俊義「恵庭判決について」ジュリスト370号25頁（1967年））

　この見解は、たんに国民に判断を委ねると言い放つだけでなく、「かせがれた『時』を利用することによって、現に確立している行政解釈への国民の支持をだんだん弱める努力をすること」が必要だとも説く。つまり、国民の判断は変化するはずだとの見地に

たち、それが最終的判断となるわけでなく、裁判所、ことに最高裁判所の法的判断をもって決着がつくことになるとの理解が基礎になっている。国民の判断は、最終的な法的判断を支える要素となっているとみることができる。

　次に、国民に判断を委ねれば、よい判断、正しい判断が得られるはずだから、という答えが考えられる。しかし、われわれがすでに考察したように、憲法問題について、何がよい判断、正しい判断かは一義的に決まるわけでないから、そういういわば期待をこめた見解では、説得力を欠くであろう。むしろ、国民の判断をもって、一応正しい判断とする、という了解のもとに成り立つことだと受け取るのが適当である。

　そこで、憲法が基本原理としている国民主権主義、議会制民主主義のこととの関連で答えることが考えられる。すなわち、国民主権原理のもとで、国民は、国の意思の最終的かつ最高の決定者となっているのだから、また、議会制民主主義のもとで、国民は、選挙を通じて自己の意思を表明することになっているのだから、憲法問題を国民の判断に委ねることは、まさに憲法の原理にそったことであるとの説明ができる。しかし、この答えに対しては、いろいろ疑問が生じる。たとえば、自衛隊、安保条約、あるいは議会の解散といった問題について、国民全体が個別の問題ごとに意思を表明し、それを集約する機会や制度があるのか。いや選挙を通じてその意思表明をすることになっている、との反論が出るかもしれないが、選挙民は、そのような個別の問題に判断を下すことはないのではないか。もし、そういう説明が肯定されると、

国会が判断したことは結局国民の意思なのであるから、それをもって最終的判断としてよいことになるのではないか。それでは、裁判所が司法審査権を行使できるとする制度の意味がなくなるのではないか。といった具合の疑問がそれである。

　さらに、あらゆる憲法問題について、その判断を国民に委ねるといっているのではなく、問題の性格に応じてその道を選択していることが前提にある。その前提に立って、高度に政治的な性格をもつ問題については、少数の裁判官より、多数の国民の判断の方に信頼がおけるから、国民に判断を委ねるのだという答えが考えられる。これに対しては、すでに考察の対象とした、高度に政治的な性格の問題とは何か、という問題を処理しなければならないし、なぜ裁判官の判断に信頼がおけないのか、という問いにも答えなければならない。

　このように、国民に判断を委ねる根拠を探ってみると、それほど容易に決め手が得られそうもないとの感じをもったことと思われる。本書は、これまでたびたび示してきたように、憲法についての考え方の一端を知ってもらうことが目的であるから、ここでも、どういう答えが適切であるかということは、読者の今後の勉強に委ねて、話をさらに進めることにしたい。

●憲法判断の正当性と国民　　もう一つ残された問題は、最高裁判所がなぜ司法審査権の最終的行使者であるのか、民主的な契機の少ない裁判所がなぜ憲法判断をする権限をもっているのか、という点である。

　この問題についても、それほど簡単に答えを下すことができな

い。憲法学者のなかには、この問題をテーマにした長大な論文を書いている例をいくつかみることができるし、考察すべき論点が多いばかりでなく、論者によって見解は分かれている。そこで、ここでは議論の一端を示すにとどめよう。すなわち、この問題について、最高裁判所の憲法判断が国民の間で受け入れられるからだ、また、国民に受容される判断をしなければならないという暗黙の要請が最高裁判所にかけられているからだ、という答えに注目して、考えておくことにしたい。

　まず、アメリカの憲法学者が述べた次の箇所を読んでいただきたい。

　「自由な社会において法の最も重要な特質は、社会からの承認と支持を獲得する力であり、その結果、実力行使を不要とし、それが必要であっても少数の反抗者に対して小規模にのみ行使されるようにする力である。私は、この特質を『正当性の力』と呼ぶ。なぜなら、その力は、制度化された統治の諸機関の命令のうちで、それらの諸機関が自らに割り当てられた諸機能を、公認された方式で遂行することから生ずるものと認められる命令に付随していると思われるからである。そのような命令は、そしてそれのみが、正当なのである。

　司法府は、憲法裁判に従事するとき、他に類がないほどこの正当性の力に依拠する。それゆえに憲法判決の正当性についての信頼は、極めて重大な事なのである。」（A・コックス著＝芦部信喜監訳『最高裁判所の役割』（1979年・東京大学出版会）162頁）

やや難しく感じられたかもしれない。一度で理解できなかった

ら、繰り返し読んでいただきたい。その際、最高裁判所が司法審査権を行使する場面を念頭において読んでほしい。

さて、この論者は、最高裁判所が司法審査権を行使して憲法判断をしたとき、それが「正当性の力」によって支えられていると説いていることが分かっていただけたと思う。その力とは、「社会からの承認と支持を獲得する力」のことである。つまり、憲法判断が国民に受け入れられる側面を重視している。逆に、国民に受容されないような憲法判断を裁判所はしてはならないし、国民に受容されないと思えば、つまり、正当性の力が得られないと思えば、裁判所は憲法判断を控える、というわけである。この説明にてらして考えると、最高裁の安保条約や解散問題に対する判決、あるいは、恵庭事件の地裁判決がとった態度は、誤りではなかったと思うが、読者の皆さんはいかがであろうか。

それはともかく、司法審査の制度も、結局、国民に深くかかわり、国民と憲法とのむすびつきのなかで理解されなくてはならないということを知っていただけたと思う。この見方は、誤解のないように再度指摘しておくが、決して唯一の正しい見解であるわけではない。いくつか補う論点があるだろうし、全く別の見方から説くことも可能であろう。しかし、日本国憲法のもとに、裁判所による司法審査の制度があり、それが憲法問題を解決する役割の一翼を担っていることは否定できないことである。そこで、なぜそういう制度があり、そういう制度のもとでの憲法判断がなぜ力をもっているかという問いは当然生ずることで、考えておかなければならない。その際、いかなる見方や説明を加えるにせよ、

国民と憲法との関係を無視することはできないはずである。

●**市民の憲法論と憲法学の理論**　憲法問題を解決すること——それは、憲法を学ぶことの主要な目的である。そこで、以上、訴訟の場面、政治過程、国民との関係という三つの側面について、憲法問題を解決することがどのような内容をもっているのかみてきた。最後に、今後本格的に憲法の勉強に向かう読者の皆さんに、次の諸点を指摘しておきたい。

　まず、憲法にこう書いてあるから、最高裁判所がこういったから、政治部門がこう解釈しているから、ということを根拠にして、直面している憲法問題に解答を与えてはならない。もちろん、すでに説いたように憲法を学ぶ者は、まず、憲法がどう定めているか、最高裁判所がどういっているか、政治部門がどう解釈しているかということをしっかり理解する必要がある。われわれが大学で憲法を勉強する目的は、その理解を得ることだけではなく、その先に進むことである。その理解をもとに、さらに考えることである。

　次に、われわれは誰もが国民である。国民であるからには、本章でみたように、いろいろ憲法にかかわりをもつ。そこで、われわれは、まず、国民として、また、市民として憲法についての理解を深め、意識を高めなければならない。しかし、大学で憲法を学ぶのは、市民としての憲法論より、広く深いものを求めるためである。そういう覚悟が必要だと思う。

　さらに、これまでみてきたところから明らかとなったと思うが、憲法の内容をどのようなものとするかは、国民の手に懸かってい

るといえる。憲法は、不断に作り上げられなければならない運命を担っており、憲法は生きた法であるといえる。日本という国があり、そのもとに憲法が作られ、国民は与えられた憲法に従って行動するように求められている、といった説明は誤りだし、そういう認識をしてはならないと私は思う。憲法は、国民の意思の集約として、また、常に国民が内容を盛り込んでいるものだと思う。憲法学は、そういう性格の憲法をいろいろな角度から分析して、考察することを目的としている。憲法学の理論とは、その目的のもとに生まれており、それを学び、考えることがこれから読者の皆さんに求められているのである。

● **憲法改正と国民**

以上で本書は終わりとしたいのだが、近年の政治状況と上述したこととの関係で、もう一言、2点について述べておかなければならない。その一つは、憲法改正問題についてである。

日本国憲法は、その前文で、「日本国民は、……この憲法を確定する」とうたい、日本国憲法が国民によって制定されたことを明らかにしている。したがって、国民が制定した憲法に国民が従うことは当然であるといえるが、不都合が生じても従わなければならないのか、という問題は生じる。ところが、憲法96条が憲法改正のことを定めているので、いったん定めた国の基本法である憲法も、不都合が生じたら変えることがあり得ることを憲法自身が認めているのである。

そこで、いかなる内容の改正をすべきか、また、その改正はいかなる手続で行うのか、ということに関心がわく。

改正内容については、いろいろな考えがあるのが当然であるが、憲法改正には、通常の法律の改正とは異なる意味が存在することをまず認識せねばならない。憲法改正は、その手続要件が厳しいものとなっていることにまさにあらわれているように、法律の改正とは異なり、安易にすべきでないということになっている。今、不都合が生じたら変えると表現したが、これまで述べてきたように、憲法は、概して一般的・抽象的な規定となっており、政治部門、司法部門、さらに国民の間の議論を通して、具体的に実現していかなければならないのだから、不都合さは、法律の制定によるなどして克服することがまず求められる。それでもなお不都合であって、憲法の規定を変えたり、新たな規定を取り込んだりする必要が生じたとき、憲法改正ということになるのである。

　＊　憲法96条が定める憲法改正の成立要件と、法律の制定（改正を含む）要件（憲法56条・59条参照）を比べて、その違いを確認すると明らかとなる。

　それでは、現実に、半世紀以上の日本国憲法の体験上、改正が必要な程度の不都合さが存在するのであろうか。これが改正内容にかかわる考察点である。よく知られているように、これにかかわる筆頭は、憲法9条についてである。本書でもみてきたように、これに関する論議は多様であるし、激しい対立を示してきた。しかし、国会がこれについての改正案を提示したら、国民は真剣に検討しなければならない。

　次に、プライバシー権や環境権の保障規定のように、日本国憲法制定時には意識されていなかった人権規定を新たに取り込むという内容の改正が唱えられている。これに対しては、憲法13条の

解釈で対応すればよいとか、法律の制定により具体的救済をなすことができるとの考え方があり、その選択の問題だといえる。

これら憲法規定の一部を変える部分改正とは別に、全部を書き変えるという全部改正を提唱する例がある。憲法改正論とはこの全部改正のことだと受け止めている立場がある。とくに、日本国憲法制定時について、日本国民が自主的に制定したとはいいがたい経緯があるとして（押し付け憲法論）、全面的に新たに制定すべきとする考えがそれである。日本国憲法の誕生以来の体験において、ほとんど政権を維持してきた自由民主党は、このような考えを基礎に、自主憲法制定を党の政治目標に掲げてきた。＊しかしながら、このような全部改正が憲法96条の予定する改正の意味に合致するものか疑問となるばかりでなく、たとえそれを肯定しても、日本国憲法が経てきた70年の期間が、押し付け憲法論の説得力を消滅させているのではないかと思わせる。全面改正は、自民党が中軸となって半世紀余にわたって形成してきた日本の憲法秩序を、不都合だとして否認することにつながるからである。

> ＊ これに対して、日本国憲法の改正を阻止して、擁護するいわゆる護憲派の野党と厳しい対立をみせてきたのであった。よくいわれるように、これは、政権を担う政党が憲法に反発し、野党が憲法を擁護するという世界でもめずらしい現象であった。

憲法改正をいかなる手続で進めるかについて、憲法96条は、その詳細を法律に委ねている。したがって、いくら憲法改正の内容を議論しても、そして何かの改正案を作り上げても、この法律を制定しないことには、事が進まないのである。ところが、すでに指摘したように、いわゆる改憲派と護憲派との厳しい対立が存在

していたため、その法律の制定が長年月実現しなかった。憲法改正について、日本国憲法自身の予定した憲法秩序は、完全さを欠いていたわけである。しかし、政治状況の変化のもとで、日本国憲法が誕生して施行されてから60年を経てやっと改正のための手続を定める法律、すなわち憲法改正国民投票法（正式名は「日本国憲法の改正手続に関する法律」）が成立した。この法律の内容自体について、積み重ねられた憲法体験が生かされているのか問題とされるところもあるが、それはともかくとして、今後、憲法改正の内容そのものについての議論はますます高まっていくのではないかと思われる。

　国民が憲法に具体的内容を盛り込み、不断に作り上げていくことになっていると前述したが、憲法改正においては、国民のその役割が直接に求められることとなる。

● **立憲主義の心髄**

　本書のおわりにふれるべきもう一つのことは、立憲主義についてである。これは、すでに本書の第3章のはじめの注で指摘したように、日本国憲法の存在意義を語る制度理念である。そうであるから、本書でよく確認しているように、立憲主義という理念から論理必然的に現実に生じている問題への答えが導かれるわけではない。ここでも、最終的には国民の判断や選択によってその理念の方向、内実、命運が具体化され、形成されていくのである。そこで、近年、立憲主義の危機だと多くの人によって論難されている問題に目を向けておこう。

　安倍政権は、2014年9月の閣議決定で、それまで政府が維持して

きた9条の解釈を変更し、日本が集団的自衛権を行使できるとしたうえ、その1年後にその新たな解釈に基づいた安全保障関連法案を国会で可決させた。これに反対する立場は、本来憲法改正をすることによってしかなしえないことを、安倍政権が解釈の変更によって行なっており、立憲主義に違反しているとの批判を展開している。このことは、マスコミによりしきりに報じられているから、本書の読者ならよく承知していることと思う。そこで、安倍政権の安保法制にかかるそのような政策決定が立憲主義に違反するとの主張は、単に批判的主張の段階にとどまらず、立憲主義が具体的にいかに実現されるのかということを問う必要がある。その答えは、立憲主義の具体的実現が国民に委ねられているということにある。すなわち、憲法秩序が正常に機能しているならば、立憲主義に反した政府の行為は、国民によって是正されることになっている。具体的には、国民が国会への代表選出の選挙を通して是正にかかる意思を表明することになっており、安倍政権がその母体政党の所属議員の数を減らす選挙結果となれば、国民の信頼を失ったことになり、立憲主義違反との批判が肯定されたと受け取ることになる。これが立憲主義の心髄である。ただし、代表選出の選挙では、安保法制についての判断のみが求められているわけではないということも考慮せねばならないのであるが。*

* 国の重要政策決定については、直接それの賛否を国民に問う国民投票制度を採用することが考えられるが、日本国憲法には、そのような制度は用意されていない。

　このように、日本国憲法のもとでは、立憲主義の心髄に国民がある。これは、明治憲法のもとでの国民（臣民）とはまったく異なることである。国民は、日本国憲法の行方に無関心でいることがあってはならず、そのために、本書では、憲法についての理解の基本を読者とともに考えてきたのである。

第4版　あとがき

　本書の出版以来30年が過ぎるところで、この第4版を刊行することになったが、当初、このように本書が長く存続できるとはまったく予想していないことであった。これは、本書の内容、趣旨に理解を示して下さる読者の存在のお陰であることを認識し、深く感謝している。そして、その読者層は、まえがきで記したような、これから憲法の講義を受講しようとする大学生にとどまらず、高校生や一般市民の方、あるいは通常の業務で憲法との付き合いが少ない弁護士、さらには、直接・間接に憲法について気を配らざるを得ない公務員の方といったように、広い層に及んでいることをも知り、この第4版の改訂作業で意識して、初版以来の意図（後掲の「あとがき〔初版〕」を参照）を損なわない程度ではあるが、加筆や修正をすることにした。そこには、控えめではあるが、憲法をめぐる日本社会の様相に対する批判もこめている。すなわち、日本国憲法を法秩序における特別な存在として高めすぎたり、試験文化の悪弊の中に埋没させたりしている傾向が、その様相の一部である。

　日本国憲法は、施行以来70年の体験を経ようとしている。人生でいえば古希を迎えることになる。したがって、憲法秩序は、安定ないし落ち着きをみせてもよいはずである。しかし、近年、それとは逆で、相変わらず憲法の危機だと警告する立場や、憲法に冷淡、無関心、ないし無視の者など、未成熟な状況が認められる。他方、積み重ねられた憲法体験のもとに、維持し発展させるべき

憲法秩序の存在も観察することができ、そこに強い関心を向けるべきだとも私は思っている。

なお、本来予定していなかったことであるが、私は、概説書の『憲法』を完成させ、昨年の５月に本書と同じ弘文堂から発刊することができた。そこには、本書で述べた憲法への私なりの思いが展開されており、プレップの段階から発展しようと思っておられる読者が一読していただけたらと願っている。

弘文堂編集部の登健太郎氏には、この改訂作業の着手に躊躇していた私を後押しするとともに、有益な示唆をいただいた。深く御礼申し上げたい。

  2016年　1月11日

戸松　秀典

第3版 あとがき

　本書の出版以来20年余、第2版からでも10年以上が過ぎ、その間の判例や法制度の変容・進展に照らすとき、本書の内容は、多くの箇所について修正、加筆して時宜にかなったものとする必要性が生じていた。しかし、私は、この数年間、大学の内外でいくつか役職をおおせつかり、多忙な日々を送らざるを得ない状態であったため、気にはなっていたもののその作業にとりかかれないまま今日に至ってしまった。幸い、昨年度で、公的機関での職務のいくつかを終えることができたうえに、本年度は、研究休暇を認められたので、一気に改訂作業にとりかかった次第である。今年の憲法記念日に終えられたのは、よいめぐり合わせだと感じている。

　この第3版では、初版における基本構想や構成を維持させつつも、判例や法制度の変容に対応させることを主として行った。平成の大改革に触れたり、憲法改正問題についても言及したりしていると、日本国憲法のもとでの法秩序がかなり変化していることを改めて感じているところである。また、本シリーズの体裁が改まったことにも対応させた。これまで同様、多くの読者からのご感想をいただけたら幸いである。

　弘文堂編集部の北川陽子さんには、この改訂作業のおくれを辛抱強く待っていただいた。深く御礼申し上げたい。

2007年5月3日

戸松　秀典

＊　＊　＊　＊　＊　＊　＊　＊

第 2 版　あとがき

　本書の出版以来 8 年が過ぎ、この間、初学者向けの憲法書が数多くあるにもかかわらず刷りを重ね、多くの読者を得ることができたばかりか、本書の内容についていろいろ感想、意見をいただき、深く感謝している。この度、時の経過によって不適切となったと思われる箇所を中心に、表現を改めたり、文章を加え、さらに上欄への注をいくつか付加する作業をして、第 2 版とすることにした。現在、政党政治が大きく変化し、憲法状況が変容しようとしている。その様子をみて、近い将来、全面的に書き改める機会が得られたら幸いと思いつつ、最小限の加筆にとどめることとした。

　初版のときと同様、弘文堂編集部の丸山邦正氏からは御支援をいただいた。

　1993年11月

戸松　秀典

*　　*　　*　　*　　*　　*　　*

あとがき〔初版〕

　私は、この十年間、本務校の専任教師として、また、都内、近郊の大学の非常勤講師として、憲法の講義を行ってきた。駆け出しの頃は当然としても、いまだに満足のゆく講義ができたとの思いをしたことがない。それは、多分に私の浅学が原因となっているが、他方、講義すべき内容が年々膨らんできていることや、受講者の講義を受け入れる能力不足といったことも関係していると思う。できることなら、受講者に対して何か工夫をしてやりたいものだと、ここ数年考えていた。

大学入試の勉強に精力を注ぎ込んだ時の余韻が残る学生達に、突然、憲法学の成果を集約した形で盛り込んだ概説書を教科書として与え、彼等がそれを咀嚼できないままに一年なり二年を過ごしてしまう状態を避け、もう少し興味をもって勉学を深めることができないものかと思っていた。また、しばしば、教科書を読む前に、何か適当な分かり易いものがないかという質問を受けたことがある。そういうことが契機となって、すでに憲法については多くの学生向けの演習書、解説書、参考書がみられるにもかかわらず、本書を執筆した次第である。

　本書は、憲法の体系書ではなく、また、平易に書いた概説書でもない。大学で憲法の講義を聴く前に読み、本格的な勉強に入るための準備や心構えができることを狙いとしている。そこで、憲法の講義の対象となる内容をひとわたり眺めるなどということは一切しないことにした。そのかわり、第Ⅰの部分で、憲法解釈の例を中心に、憲法学の特色といえるところを概説して、憲法学らしさを感じ取ってもらうことを主眼とする叙述をした。第Ⅱの部分では、いくつかの重要憲法判例のなかで、思い切って尊属殺重罰規定違憲判決のみを取り上げ、判例というものについて、いろいろな角度からみなければならないことを示すことにした。判例の筋道からはずれ、最高裁判所やその裁判官についてまで触れたのは、判例の形成にかかわる要因をそういうところにまで広げて考察する必要があるとの考えによるものである。最後の第Ⅲの部分では、通常、憲法問題だといわれていることについて、多角的にみなければならないということを教える目的で、書いてみた。そこでは、私の憲法の講義の性格が現われているといえるかもしれない。しかし、一つの考えで押し通すのではなく、多様な見方、見解が存在するということを強調したつもりである。

　こうして、全体として、憲法の講義で扱われる内容についての感触を予め得ることができるようにし、また、少しでも、また、不完全であっても、知ったことを基にして、実際に講義を聴き、勉強する過程

でそれを発展させることができるような工夫をしたつもりである。しばしば、考えるポイントを示すにとどめ、突っ込んだ考察を避けたのはそのためである。おそらく、右のような構成のもとに、このような方式で憲法入門的なことを語った点で、本書は新しさがあると思っている。この本は、したがって、憲法学の研究者の目から見れば、物足りないとの感じを抱かれるであろうが、憲法を教える教師の立場からは、講義の理解を助けることになり、学生達に有益だとの感想をもっていただけるものと期待している。もちろん、私の意図がこれで十分生かされていると思っているわけでなく、忌憚のない御批判をいただけることを願っている。

　最後に、本書が完成するまでに、次のお方に格別のお世話になったことを記しておきたい。右に述べたように、この本では、従来みられなかった試みをしたため、刊行する前に是非感想を得たいものだと思い、ワープロ草稿の段階で三人の方に一読をお願いした。まず、私の勤務大学の同僚である宮城啓子助教授（刑事訴訟法学専攻）からは、本書の方針について深い関心を示され、分りにくい箇所、不親切にはしった所の指摘をいただき、また、私の友人の斉藤靖夫神奈川大学助教授と高見勝利九州大学助教授（ともに憲法学専攻）からは、分り易い説明をしようとしたため、憲法学者としての目から見ると、かえって問題となりそうなところについて、いろいろ助言していただいた。お忙しい中を、大変懇切丁寧に草稿を読んでいただいた右のお三方には、深く感謝している。さらに、本書の執筆を勧め、私の遅筆をたびたび励ましていただいた弘文堂編集部の丸山邦正氏に、厚くお礼を申し上げたい。

　　1985年　師走

　　　　　　　　　　　　　　　　　　　　　　　　戸松　秀典

○付録・日本国憲法

〔昭和21年11月3日公布／昭和22年5月3日施行〕

〔沿革〕

朕は、日本国民の総意に基いて、新日本建設の礎が、定まるに至つたことを、深くよろこび、枢密顧問の諮詢及び帝国憲法第73条による帝国議会の議決を経た帝国憲法の改正を裁可し、ここにこれを公布せしめる。

　御　名　御　璽
　　昭和21年11月3日

内閣総理大臣兼			
外　務　大　臣		吉田　　茂
国　務　大　臣	男　爵	幣原喜重郎
司　法　大　臣		木村篤太郎
内　務　大　臣		大村　清一
文　部　大　臣		田中耕太郎
農　林　大　臣		和田　博雄
国　務　大　臣		斎藤　隆夫
逓　信　大　臣		一松　定吉
商　工　大　臣		星島　二郎
厚　生　大　臣		河合　良成
国　務　大　臣		植原悦二郎
運　輸　大　臣		平塚常次郎
大　蔵　大　臣		石橋　湛山
国　務　大　臣		金森徳次郎
国　務　大　臣		膳　桂之助

日本国憲法

日本国民は、正当に選挙された国会における代表者を通じて行動し、われらとわれらの子孫のために、諸国民との協和による成果と、わが国全土にわたつて自由のもたらす恵沢を確保し、政府の行為によつて再び戦争の惨禍が起ることのないやうにすることを決意し、ここに主権が国民に存することを宣言し、この憲法を確定する。そもそも国政は、国民の厳粛な信託によるものであつて、その権威は国民に由来し、その権力は国民の代表者がこれを行使し、その福利は国民がこれを享受する。これは人類普遍の原理であり、この憲法は、かかる原理に基くものである。われらは、これに反する一切の憲

法、法令及び詔勅を排除する。

　日本国民は、恒久の平和を念願し、人間相互の関係を支配する崇高な理想を深く自覚するのであつて、平和を愛する諸国民の公正と信義に信頼して、われらの安全と生存を保持しようと決意した。われらは、平和を維持し、専制と隷従、圧迫と偏狭を地上から永遠に除去しようと努めてゐる国際社会において、名誉ある地位を占めたいと思ふ。われらは、全世界の国民が、ひとしく恐怖と欠乏から免かれ、平和のうちに生存する権利を有することを確認する。

　われらは、いづれの国家も、自国のことのみに専念して他国を無視してはならないのであつて、政治道徳の法則は、普遍的なものであり、この法則に従ふことは、自国の主権を維持し、他国と対等関係に立たうとする各国の責務であると信ずる。

　日本国民は、国家の名誉にかけ、全力をあげてこの崇高な理想と目的を達成することを誓ふ。

第1章　天皇

〔天皇の地位と主権在民〕
第1条　天皇は、日本国の象徴であり日本国民統合の象徴であつて、この地位は、主権の存する日本国民の総意に基く。
〔皇位の世襲〕
第2条　皇位は、世襲のものであつて、国会の議決した皇室典範の定めるところにより、これを継承する。
〔内閣の助言と承認及び責任〕
第3条　天皇の国事に関するすべての行為には、内閣の助言と承認を必要とし、内閣が、その責任を負ふ。
〔天皇の権能と権能行使の委任〕
第4条　天皇は、この憲法の定める国事に関する行為のみを行ひ、国政に関する権能を有しない。
②　天皇は、法律の定めるところにより、その国事に関する行為を委任することができる。
〔摂政〕
第5条　皇室典範の定めるところにより摂政を置くときは、摂政は、天皇の名でその国事に関する行為を行ふ。この場合には、前条第1項の規定を準用する。
〔天皇の任命行為〕
第6条　天皇は、国会の指名に基いて、内閣総理大臣を任命する。

② 天皇は、内閣の指名に基いて、最高裁判所の長たる裁判官を任命する。
〔天皇の国事行為〕
第7条 天皇は、内閣の助言と承認により、国民のために、左の国事に関する行為を行ふ。
一 憲法改正、法律、政令及び条約を公布すること。
二 国会を召集すること。
三 衆議院を解散すること。
四 国会議員の総選挙の施行を公示すること。
五 国務大臣及び法律の定めるその他の官吏の任免並びに全権委任状及び大使及び公使の信任状を認証すること。
六 大赦、特赦、減刑、刑の執行の免除及び復権を認証すること。
七 栄典を授与すること。
八 批准書及び法律の定めるその他の外交文書を認証すること。
九 外国の大使及び公使を接受すること。
十 儀式を行ふこと。
〔財産授受の制限〕
第8条 皇室に財産を譲り渡し、又は皇室が、財産を譲り受け、若しくは賜与することは、国会の議決に基かなければならない。

第2章 戦争の放棄

〔戦争の放棄と戦力及び交戦権の否認〕
第9条 日本国民は、正義と秩序を基調とする国際平和を誠実に希求し、国権の発動たる戦争と、武力による威嚇又は武力の行使は、国際紛争を解決する手段としては、永久にこれを放棄する。
② 前項の目的を達するため、陸海空軍その他の戦力は、これを保持しない。国の交戦権は、これを認めない。

第3章 国民の権利及び義務

〔国民たる要件〕
第10条 日本国民たる要件は、法律でこれを定める。
〔基本的人権〕
第11条 国民は、すべての基本的人権の享有を妨げられない。この憲法が国民に保障する基本的人権は、侵すことのできない永久の権利として、現在及び将来の国民に与へられる。
〔自由及び権利の保持義務と公共福祉性〕
第12条 この憲法が国民に保障する自由及び権利は、国民の不断の努力によ

つて、これを保持しなければならない。又、国民は、これを濫用してはならないのであつて、常に公共の福祉のためにこれを利用する責任を負ふ。
〔個人の尊重と公共の福祉〕
第13条 すべて国民は、個人として尊重される。生命、自由及び幸福追求に対する国民の権利については、公共の福祉に反しない限り、立法その他の国政の上で、最大の尊重を必要とする。
〔平等原則、貴族制度の否認及び栄典の限界〕
第14条 すべて国民は、法の下に平等であつて、人種、信条、性別、社会的身分又は門地により、政治的、経済的又は社会的関係において、差別されない。
② 華族その他の貴族の制度は、これを認めない。
③ 栄誉、勲章その他の栄典の授与は、いかなる特権も伴はない。栄典の授与は、現にこれを有し、又は将来これを受ける者の一代に限り、その効力を有する。
〔公務員の選定罷免権、公務員の本質、普通選挙の保障及び投票秘密の保障〕
第15条 公務員を選定し、及びこれを罷免することは、国民固有の権利である。
② すべて公務員は、全体の奉仕者であつて、一部の奉仕者ではない。
③ 公務員の選挙については、成年者による普通選挙を保障する。
④ すべて選挙における投票の秘密は、これを侵してはならない。選挙人は、その選択に関し公的にも私的にも責任を問はれない。
〔請願権〕
第16条 何人も、損害の救済、公務員の罷免、法律、命令又は規則の制定、廃止又は改正その他の事項に関し、平穏に請願する権利を有し、何人も、かかる請願をしたためにいかなる差別待遇も受けない。
〔公務員の不法行為による損害の賠償〕
第17条 何人も、公務員の不法行為により、損害を受けたときは、法律の定めるところにより、国又は公共団体に、その賠償を求めることができる。
〔奴隷的拘束及び苦役の禁止〕
第18条 何人も、いかなる奴隷的拘束も受けない。又、犯罪に因る処罰の場合を除いては、その意に反する苦役に服させられない。
〔思想及び良心の自由〕
第19条 思想及び良心の自由は、これを侵してはならない。
〔信教の自由〕
第20条 信教の自由は、何人に対してもこれを保障する。いかなる宗教団体

も、国から特権を受け、又は政治上の権力を行使してはならない。
② 何人も、宗教上の行為、祝典、儀式又は行事に参加することを強制されない。
③ 国及びその機関は、宗教教育その他いかなる宗教的活動もしてはならない。
〔集会、結社及び表現の自由と通信秘密の保護〕
第21条 集会、結社及び言論、出版その他一切の表現の自由は、これを保障する。
② 検閲は、これをしてはならない。通信の秘密は、これを侵してはならない。
〔居住、移転、職業選択、外国移住及び国籍離脱の自由〕
第22条 何人も、公共の福祉に反しない限り、居住、移転及び職業選択の自由を有する。
② 何人も、外国に移住し、又は国籍を離脱する自由を侵されない。
〔学問の自由〕
第23条 学問の自由は、これを保障する。
〔家族関係における個人の尊厳と両性の平等〕
第24条 婚姻は、両性の合意のみに基いて成立し、夫婦が同等の権利を有することを基本として、相互の協力により、維持されなければならない。
② 配偶者の選択、財産権、相続、住居の選定、離婚並びに婚姻及び家族に関するその他の事項に関しては、法律は、個人の尊厳と両性の本質的平等に立脚して、制定されなければならない。
〔生存権及び国民生活の社会的進歩向上に努める国の義務〕
第25条 すべて国民は、健康で文化的な最低限度の生活を営む権利を有する。
② 国は、すべての生活部面について、社会福祉、社会保障及び公衆衛生の向上及び増進に努めなければならない。
〔教育を受ける権利と受けさせる義務〕
第26条 すべて国民は、法律の定めるところにより、その能力に応じて、ひとしく教育を受ける権利を有する。
② すべて国民は、法律の定めるところにより、その保護する子女に普通教育を受けさせる義務を負ふ。義務教育は、これを無償とする。
〔勤労の権利と義務、勤労条件の基準及び児童酷使の禁止〕
第27条 すべて国民は、勤労の権利を有し、義務を負ふ。
② 賃金、就業時間、休息その他の勤労条件に関する基準は、法律でこれを定める。
③ 児童は、これを酷使してはならない。

〔勤労者の団結権及び団体行動権〕
第28条 勤労者の団結する権利及び団体交渉その他の団体行動をする権利は、これを保障する。
〔財産権〕
第29条 財産権は、これを侵してはならない。
② 財産権の内容は、公共の福祉に適合するやうに、法律でこれを定める。
③ 私有財産は、正当な補償の下に、これを公共のために用ひることができる。
〔納税の義務〕
第30条 国民は、法律の定めるところにより、納税の義務を負ふ。
〔生命及び自由の保障と科刑の制約〕
第31条 何人も、法律の定める手続によらなければ、その生命若しくは自由を奪はれ、又はその他の刑罰を科せられない。
〔裁判を受ける権利〕
第32条 何人も、裁判所において裁判を受ける権利を奪はれない。
〔逮捕の制約〕
第33条 何人も、現行犯として逮捕される場合を除いては、権限を有する司法官憲が発し、且つ理由となつてゐる犯罪を明示する令状によらなければ、逮捕されない。
〔抑留及び拘禁の制約〕
第34条 何人も、理由を直ちに告げられ、且つ、直ちに弁護人に依頼する権利を与へられなければ、抑留又は拘禁されない。又、何人も、正当な理由がなければ、拘禁されず、要求があれば、その理由は、直ちに本人及びその弁護人の出席する公開の法廷で示されなければならない。
〔侵入、捜索及び押収の制約〕
第35条 何人も、その住居、書類及び所持品について、侵入、捜索及び押収を受けることのない権利は、第33条の場合を除いては、正当な理由に基いて発せられ、且つ捜索する場所及び押収する物を明示する令状がなければ、侵されない。
② 捜索又は押収は、権限を有する司法官憲が発する各別の令状により、これを行ふ。
〔拷問及び残虐な刑罰の禁止〕
第36条 公務員による拷問及び残虐な刑罰は、絶対にこれを禁ずる。
〔刑事被告人の権利〕
第37条 すべて刑事事件においては、被告人は、公平な裁判所の迅速な公開裁判を受ける権利を有する。

② 刑事被告人は、すべての証人に対して審問する機会を充分に与へられ、又、公費で自己のために強制的手続により証人を求める権利を有する。
③ 刑事被告人は、いかなる場合にも、資格を有する弁護人を依頼することができる。被告人が自らこれを依頼することができないときは、国でこれを附する。
〔自白強要の禁止と自白の証拠能力の限界〕
第38条 何人も、自己に不利益な供述を強要されない。
② 強制、拷問若しくは脅迫による自白又は不当に長く抑留若しくは拘禁された後の自白は、これを証拠とすることができない。
③ 何人も、自己に不利益な唯一の証拠が本人の自白である場合には、有罪とされ、又は刑罰を科せられない。
〔遡及処罰、二重処罰等の禁止〕
第39条 何人も、実行の時に適法であつた行為又は既に無罪とされた行為については、刑事上の責任を問はれない。又、同一の犯罪について、重ねて刑事上の責任を問はれない。
〔刑事補償〕
第40条 何人も、抑留又は拘禁された後、無罪の裁判を受けたときは、法律の定めるところにより、国にその補償を求めることができる。

　　　第4章　国会

〔国会の地位〕
第41条 国会は、国権の最高機関であつて、国の唯一の立法機関である。
〔二院制〕
第42条 国会は、衆議院及び参議院の両議院でこれを構成する。
〔両議院の組織〕
第43条 両議院は、全国民を代表する選挙された議員でこれを組織する。
② 両議院の議員の定数は、法律でこれを定める。
〔議員及び選挙人の資格〕
第44条 両議院の議員及びその選挙人の資格は、法律でこれを定める。但し、人種、信条、性別、社会的身分、門地、教育、財産又は収入によつて差別してはならない。
〔衆議院議員の任期〕
第45条 衆議院議員の任期は、4年とする。但し、衆議院解散の場合には、その期間満了前に終了する。
〔参議院議員の任期〕
第46条 参議院議員の任期は、6年とし、3年ごとに議員の半数を改選する。

〔議員の選挙〕
第47条 選挙区、投票の方法その他両議院の議員の選挙に関する事項は、法律でこれを定める。

〔両議院議員相互兼職の禁止〕
第48条 何人も、同時に両議院の議員たることはできない。

〔議員の歳費〕
第49条 両議院の議員は、法律の定めるところにより、国庫から相当額の歳費を受ける。

〔議員の不逮捕特権〕
第50条 両議院の議員は、法律の定める場合を除いては、国会の会期中逮捕されず、会期前に逮捕された議員は、その議院の要求があれば、会期中これを釈放しなければならない。

〔議員の発言・表決の無答責〕
第51条 両議院の議員は、議院で行つた演説、討論又は表決について、院外で責任を問はれない。

〔常会〕
第52条 国会の常会は、毎年1回これを召集する。

〔臨時会〕
第53条 内閣は、国会の臨時会の召集を決定することができる。いづれかの議院の総議員の4分の1以上の要求があれば、内閣は、その召集を決定しなければならない。

〔総選挙、特別会及び緊急集会〕
第54条 衆議院が解散されたときは、解散の日から40日以内に、衆議院議員の総選挙を行ひ、その選挙の日から30日以内に、国会を召集しなければならない。
② 衆議院が解散されたときは、参議院は、同時に閉会となる。但し、内閣は、国に緊急の必要があるときは、参議院の緊急集会を求めることができる。
③ 前項但書の緊急集会において採られた措置は、臨時のものであつて、次の国会開会の後10日以内に、衆議院の同意がない場合には、その効力を失ふ。

〔資格争訟〕
第55条 両議院は、各々その議員の資格に関する争訟を裁判する。但し、議員の議席を失はせるには、出席議員の3分の2以上の多数による議決を必要とする。

〔議事の定足数と過半数議決〕

第56条　両議院は、各々その総議員の3分の1以上の出席がなければ、議事を開き議決することができない。
②　両議院の議事は、この憲法に特別の定のある場合を除いては、出席議員の過半数でこれを決し、可否同数のときは、議長の決するところによる。
〔会議の公開と会議録〕
第57条　両議院の会議は、公開とする。但し、出席議員の3分の2以上の多数で議決したときは、秘密会を開くことができる。
②　両議院は、各々その会議の記録を保存し、秘密会の記録の中で特に秘密を要すると認められるもの以外は、これを公表し、且つ一般に頒布しなければならない。
③　出席議員の5分の1以上の要求があれば、各議員の表決は、これを会議録に記載しなければならない。
〔役員の選任及び議院の自律権〕
第58条　両議院は、各々その議長その他の役員を選任する。
②　両議院は、各々その会議その他の手続及び内部の規律に関する規則を定め、又、院内の秩序をみだした議員を懲罰することができる。但し、議員を除名するには、出席議員の3分の2以上の多数による議決を必要とする。
〔法律の成立〕
第59条　法律案は、この憲法に特別の定のある場合を除いては、両議院で可決したとき法律となる。
②　衆議院で可決し、参議院でこれと異なつた議決をした法律案は、衆議院で出席議員の3分の2以上の多数で再び可決したときは、法律となる。
③　前項の規定は、法律の定めるところにより、衆議院が、両議院の協議会を開くことを求めることを妨げない。
④　参議院が、衆議院の可決した法律案を受け取つた後、国会休会中の期間を除いて60日以内に、議決しないときは、衆議院は、参議院がその法律案を否決したものとみなすことができる。
〔衆議院の予算先議権及び予算の議決〕
第60条　予算は、さきに衆議院に提出しなければならない。
②　予算について、参議院で衆議院と異なつた議決をした場合に、法律の定めるところにより、両議院の協議会を開いても意見が一致しないとき、又は参議院が、衆議院の可決した予算を受け取つた後、国会休会中の期間を除いて30日以内に、議決しないときは、衆議院の議決を国会の議決とする。
〔条約締結の承認〕
第61条　条約の締結に必要な国会の承認については、前条第2項の規定を準用する。

〔議院の国政調査権〕
第62条 両議院は、各々国政に関する調査を行ひ、これに関して、証人の出頭及び証言並びに記録の提出を要求することができる。
〔国務大臣の出席〕
第63条 内閣総理大臣その他の国務大臣は、両議院の一に議席を有すると有しないとにかかはらず、何時でも議案について発言するため議院に出席することができる。又、答弁又は説明のため出席を求められたときは、出席しなければならない。
〔弾劾裁判所〕
第64条 国会は、罷免の訴追を受けた裁判官を裁判するため、両議院の議員で組織する弾劾裁判所を設ける。
② 弾劾に関する事項は、法律でこれを定める。

第5章　内閣

〔行政権の帰属〕
第65条 行政権は、内閣に属する。
〔内閣の組織と責任〕
第66条 内閣は、法律の定めるところにより、その首長たる内閣総理大臣及びその他の国務大臣でこれを組織する。
② 内閣総理大臣その他の国務大臣は、文民でなければならない。
③ 内閣は、行政権の行使について、国会に対し連帯して責任を負ふ。
〔内閣総理大臣の指名〕
第67条 内閣総理大臣は、国会議員の中から国会の議決で、これを指名する。この指名は、他のすべての案件に先だつて、これを行ふ。
② 衆議院と参議院とが異なつた指名の議決をした場合に、法律の定めるところにより、両議院の協議会を開いても意見が一致しないとき、又は衆議院が指名の議決をした後、国会休会中の期間を除いて10日以内に、参議院が、指名の議決をしないときは、衆議院の議決を国会の議決とする。
〔国務大臣の任免〕
第68条 内閣総理大臣は、国務大臣を任命する。但し、その過半数は、国会議員の中から選ばれなければならない。
② 内閣総理大臣は、任意に国務大臣を罷免することができる。
〔不信任決議と解散又は総辞職〕
第69条 内閣は、衆議院で不信任の決議案を可決し、又は信任の決議案を否決したときは、10日以内に衆議院が解散されない限り、総辞職をしなければならない。

〔内閣総理大臣の欠缺又は総選挙施行による総辞職〕
第70条 内閣総理大臣が欠けたとき、又は衆議院議員総選挙の後に初めて国会の召集があつたときは、内閣は、総辞職をしなければならない。
〔総辞職後の職務続行〕
第71条 前二条の場合には、内閣は、あらたに内閣総理大臣が任命されるまで引き続きその職務を行ふ。
〔内閣総理大臣の職務権限〕
第72条 内閣総理大臣は、内閣を代表して議案を国会に提出し、一般国務及び外交関係について国会に報告し、並びに行政各部を指揮監督する。
〔内閣の職務権限〕
第73条 内閣は、他の一般行政事務の外、左の事務を行ふ。
　一　法律を誠実に執行し、国務を総理すること。
　二　外交関係を処理すること。
　三　条約を締結すること。但し、事前に、時宜によつては事後に、国会の承認を経ることを必要とする。
　四　法律の定める基準に従ひ、官吏に関する事務を掌理すること。
　五　予算を作成して国会に提出すること。
　六　この憲法及び法律の規定を実施するために、政令を制定すること。但し、政令には、特にその法律の委任がある場合を除いては、罰則を設けることができない。
　七　大赦、特赦、減刑、刑の執行の免除及び復権を決定すること。
〔法律及び政令への署名と連署〕
第74条 法律及び政令には、すべて主任の国務大臣が署名し、内閣総理大臣が連署することを必要とする。
〔国務大臣訴追の制約〕
第75条 国務大臣は、その在任中、内閣総理大臣の同意がなければ、訴追されない。但し、これがため、訴追の権利は、害されない。

　　　第6章　司法

〔司法権の機関と裁判官の職務上の独立〕
第76条　すべて司法権は、最高裁判所及び法律の定めるところにより設置する下級裁判所に属する。
②　特別裁判所は、これを設置することができない。行政機関は、終審として裁判を行ふことができない。
③　すべて裁判官は、その良心に従ひ独立してその職権を行ひ、この憲法及び法律にのみ拘束される。

〔最高裁判所の規則制定権〕
第77条　最高裁判所は、訴訟に関する手続、弁護士、裁判所の内部規律及び司法事務処理に関する事項について、規則を定める権限を有する。
②　検察官は、最高裁判所の定める規則に従はなければならない。
③　最高裁判所は、下級裁判所に関する規則を定める権限を、下級裁判所に委任することができる。
〔裁判官の身分の保障〕
第78条　裁判官は、裁判により、心身の故障のために職務を執ることができないと決定された場合を除いては、公の弾劾によらなければ罷免されない。裁判官の懲戒処分は、行政機関がこれを行ふことはできない。
〔最高裁判所の構成及び裁判官任命の国民審査〕
第79条　最高裁判所は、その長たる裁判官及び法律の定める員数のその他の裁判官でこれを構成し、その長たる裁判官以外の裁判官は、内閣でこれを任命する。
②　最高裁判所の裁判官の任命は、その任命後初めて行はれる衆議院議員総選挙の際国民の審査に付し、その後10年を経過した後初めて行はれる衆議院議員総選挙の際更に審査に付し、その後も同様とする。
③　前項の場合において、投票者の多数が裁判官の罷免を可とするときは、その裁判官は、罷免される。
④　審査に関する事項は、法律でこれを定める。
⑤　最高裁判所の裁判官は、法律の定める年齢に達した時に退官する。
⑥　最高裁判所の裁判官は、すべて定期に相当額の報酬を受ける。この報酬は、在任中、これを減額することができない。
〔下級裁判所の裁判官〕
第80条　下級裁判所の裁判官は、最高裁判所の指名した者の名簿によつて、内閣でこれを任命する。その裁判官は、任期を10年とし、再任されることができる。但し、法律の定める年齢に達した時には退官する。
②　下級裁判所の裁判官は、すべて定期に相当額の報酬を受ける。この報酬は、在任中、これを減額することができない。
〔最高裁判所の法令審査権〕
第81条　最高裁判所は、一切の法律、命令、規則又は処分が憲法に適合するかしないかを決定する権限を有する終審裁判所である。
〔対審及び判決の公開〕
第82条　裁判の対審及び判決は、公開法廷でこれを行ふ。
②　裁判所が、裁判官の全員一致で、公の秩序又は善良の風俗を害する虞があると決した場合には、対審は、公開しないでこれを行ふことができる。

但し、政治犯罪、出版に関する犯罪又はこの憲法第3章で保障する国民の権利が問題となつてゐる事件の対審は、常にこれを公開しなければならない。

第7章　財政

〔財政処理の要件〕
第83条　国の財政を処理する権限は、国会の議決に基いて、これを行使しなければならない。
〔課税の要件〕
第84条　あらたに租税を課し、又は現行の租税を変更するには、法律又は法律の定める条件によることを必要とする。
〔国費支出及び債務負担の要件〕
第85条　国費を支出し、又は国が債務を負担するには、国会の議決に基くことを必要とする。
〔予算の作成〕
第86条　内閣は、毎会計年度の予算を作成し、国会に提出して、その審議を受け議決を経なければならない。
〔予備費〕
第87条　予見し難い予算の不足に充てるため、国会の議決に基いて予備費を設け、内閣の責任でこれを支出することができる。
②　すべて予備費の支出については、内閣は、事後に国会の承諾を得なければならない。
〔皇室財産及び皇室費用〕
第88条　すべて皇室財産は、国に属する。すべて皇室の費用は、予算に計上して国会の議決を経なければならない。
〔公の財産の用途制限〕
第89条　公金その他の公の財産は、宗教上の組織若しくは団体の使用、便益若しくは維持のため、又は公の支配に属しない慈善、教育若しくは博愛の事業に対し、これを支出し、又はその利用に供してはならない。
〔会計検査〕
第90条　国の収入支出の決算は、すべて毎年会計検査院がこれを検査し、内閣は、次の年度に、その検査報告とともに、これを国会に提出しなければならない。
②　会計検査院の組織及び権限は、法律でこれを定める。
〔財政状況の報告〕
第91条　内閣は、国会及び国民に対し、定期に、少くとも毎年1回、国の財

政状況について報告しなければならない。

第8章　地方自治

〔地方自治の本旨の確保〕
第92条　地方公共団体の組織及び運営に関する事項は、地方自治の本旨に基いて、法律でこれを定める。
〔地方公共団体の機関〕
第93条　地方公共団体には、法律の定めるところにより、その議事機関として議会を設置する。
②　地方公共団体の長、その議会の議員及び法律の定めるその他の吏員は、その地方公共団体の住民が、直接これを選挙する。
〔地方公共団体の権能〕
第94条　地方公共団体は、その財産を管理し、事務を処理し、及び行政を執行する権能を有し、法律の範囲内で条例を制定することができる。
〔一の地方公共団体のみに適用される特別法〕
第95条　一の地方公共団体のみに適用される特別法は、法律の定めるところにより、その地方公共団体の住民の投票においてその過半数の同意を得なければ、国会は、これを制定することができない。

第9章　改正

〔憲法改正の発議、国民投票及び公布〕
第96条　この憲法の改正は、各議院の総議員の3分の2以上の賛成で、国会が、これを発議し、国民に提案してその承認を経なければならない。この承認には、特別の国民投票又は国会の定める選挙の際行はれる投票において、その過半数の賛成を必要とする。
②　憲法改正について前項の承認を経たときは、天皇は、国民の名で、この憲法と一体を成すものとして、直ちにこれを公布する。

第10章　最高法規

〔基本的人権の由来特質〕
第97条　この憲法が日本国民に保障する基本的人権は、人類の多年にわたる自由獲得の努力の成果であつて、これらの権利は、過去幾多の試錬に堪へ、現在及び将来の国民に対し、侵すことのできない永久の権利として信託されたものである。
〔憲法の最高性と条約及び国際法規の遵守〕
第98条　この憲法は、国の最高法規であつて、その条規に反する法律、命令、

詔勅及び国務に関するその他の行為の全部又は一部は、その効力を有しない。
② 日本国が締結した条約及び確立された国際法規は、これを誠実に遵守することを必要とする。
〔憲法尊重擁護の義務〕
第99条 天皇又は摂政及び国務大臣、国会議員、裁判官その他の公務員は、この憲法を尊重し擁護する義務を負ふ。

　第11章　補則

〔施行期日と施行前の準備行為〕
第100条 この憲法は、公布の日から起算して6箇月を経過した日から、これを施行する。
② この憲法を施行するために必要な法律の制定、参議院議員の選挙及び国会召集の手続並びにこの憲法を施行するために必要な準備手続は、前項の期日よりも前に、これを行ふことができる。
〔参議院成立前の国会〕
第101条 この憲法施行の際、参議院がまだ成立してゐないときは、その成立するまでの間、衆議院は、国会としての権限を行ふ。
〔参議院議員の任期の経過的特例〕
第102条 この憲法による第一期の参議院議員のうち、その半数の者の任期は、これを3年とする。その議員は、法律の定めるところにより、これを定める。
〔公務員の地位に関する経過規定〕
第103条 この憲法施行の際現に在職する国務大臣、衆議院議員及び裁判官並びにその他の公務員で、その地位に相応する地位がこの憲法で認められてゐる者は、法律で特別の定をした場合を除いては、この憲法施行のため、当然にはその地位を失ふことはない。但し、この憲法によつて、後任者が選挙又は任命されたときは、当然その地位を失ふ。

著者紹介

戸松　秀典（とまつ・ひでのり）

略歴　東京大学法学部卒業
　　　東京大学大学院法学政治学研究科博士課程修了（法学博士）
　　　現在、学習院大学名誉教授

著書　『憲法訴訟［第2版］』(2008年・有斐閣)、『プレップ憲法訴訟』(2011年・弘文堂)、『憲法』(2015年・弘文堂)、『司法審査制』(1989年・勁草書房)、『平等原則と司法審査―憲法訴訟研究Ⅰ』(1990年・有斐閣)、『立法裁量論―憲法訴訟研究Ⅱ』(1993年・有斐閣)、『論点体系 判例憲法 1～3』(共編著、2013年・第一法規)、『憲法判例［第7版］』(共編著、2014年・有斐閣)

プレップ憲法〔第4版〕　　プレップシリーズ

1986（昭和61）年 2 月25日　初版 1 刷発行
1994（平成 6 ）年 2 月15日　第 2 版 1 刷発行
2007（平成19）年 7 月15日　第 3 版 1 刷発行
2016（平成28）年 2 月29日　第 4 版 1 刷発行

著　者　戸　松　秀　典
発行者　鯉　渕　友　南
発行所　株式会社　弘文堂　　101-0062 東京都千代田区神田駿河台 1 の 7
　　　　　　　　　　　　　　TEL 03(3294)4801　振替 00120-6-53909
　　　　　　　　　　　　　　http://www.koubundou.co.jp

装　丁　青　山　修　作
印　刷　港北出版印刷
製　本　井上製本所

Ⓒ 2016 Hidenori Tomatsu. Printed in Japan

JCOPY 〈(社)出版者著作権管理機構 委託出版物〉

本書の無断複写は著作権法上での例外を除き禁じられています。複写される場合は、そのつど事前に、(社)出版者著作権管理機構（電話 03-3513-6969、FAX 03-3513-6979、e-mail:info@jcopy.or.jp）の許諾を得てください。
また本書を代行業者等の第三者に依頼してスキャンやデジタル化することは、たとえ個人や家庭内での利用であっても一切認められておりません。

ISBN978-4-335-31324-0

弘文堂プレップ法学

これから法律学にチャレンジする人のために、覚えておかなければならない知識、法律学独特の議論の仕方や学び方のコツなどを盛り込んだ、新しいタイプの"入門の入門"書。

プレップ	法学を学ぶ前に	道垣内弘人
プレップ	法と法学	倉沢康一郎
プレップ	憲　　　法	戸松　秀典
プレップ	憲法訴訟	戸松　秀典
プレップ	民　　　法	米倉　　明
*プレップ	家　族　法	前田　陽一
プレップ	刑　　　法	町野　　朔
プレップ	行　政　法	高木　　光
プレップ	環　境　法	北村　喜宣
プレップ	租　税　法	佐藤　英明
プレップ	商　　　法	木内　宜彦
プレップ	会　社　法	奥島　孝康
プレップ	手　形　法	木内　宜彦
プレップ	新民事訴訟法	小島　武司
プレップ	破　産　法	徳田　和幸
*プレップ	刑事訴訟法	酒巻　　匡
プレップ	労　働　法	森戸　英幸
*プレップ	知的財産法	小泉　直樹
プレップ	国際私法	神前　　禎

＊印未刊